U0541417

赵剑英　主编
Zhao Jianying　Editor

中国制度研究丛书
China Sytem Research Series

中国基本分配制度

裴长洪　王震　孙婧芳　著

STUDY ON BASIC
DISTRIBUTION REGIME
IN CHINA

图书在版编目（CIP）数据

中国基本分配制度/裴长洪等著 . —北京：中国社会科学出版社，2017.3

（中国制度研究丛书）

ISBN 978 - 7 - 5161 - 9139 - 2

Ⅰ.①中… Ⅱ.①裴… Ⅲ.①收入分配—分配制度—研究—中国 Ⅳ.①F124.7

中国版本图书馆 CIP 数据核字（2016）第 252540 号

出 版 人	赵剑英
责任编辑	王 茵
特约编辑	王 衡
责任校对	王佳玉
责任印制	王 超

出　　版	中国社会科学出版社
社　　址	北京鼓楼西大街甲 158 号
邮　　编	100720
网　　址	http://www.csspw.cn
发 行 部	010 - 84083685
门 市 部	010 - 84029450
经　　销	新华书店及其他书店
印　　刷	北京君升印刷有限公司
装　　订	廊坊市广阳区广增装订厂
版　　次	2017 年 3 月第 1 版
印　　次	2017 年 3 月第 1 次印刷
开　　本	710×1000　1/16
印　　张	14.75
插　　页	2
字　　数	174 千字
定　　价	66.00 元

凡购买中国社会科学出版社图书，如有质量问题请与本社营销中心联系调换
电话：010 - 84083683
版权所有　侵权必究

总　序

　　改革开放 30 多年来，中国经济社会飞速发展，中国特色社会主义取得巨大成功，这一成功被称为"中国模式""中国奇迹""中国道路"，受到世界各国的普遍赞扬。然而，这些赞扬更多是指经济发展的成功，对成功背后的必然因素即制度原因，国外却很少提及，甚至根本不认同。长期以来，我们自己也缺乏自觉的认识和自信的底气。其实，中国的快速发展必然含有制度的内生动力，中国能够创造世界发展史上的奇迹，不是偶然的，不是"上帝的特别关顾"，而是中国特色社会主义制度发挥着十分关键的作用。习近平总书记在庆祝中国共产党成立 95 周年大会上的讲话中指出："我们要坚信，中国特色社会主义制度是当代中国发展进步的根本制度保障，是具有鲜明中国特色、明显制度优势、强大自我完善能力的先进制度。"

　　在中国革命和社会主义现代化的伟大实践中，在迈向中华民族伟大复兴的漫漫征途中，中国共产党领导中国人民经过艰难曲折的探索形成了中国特色社会主义道路、理论体系和制度，中国特色社会主义道路是实现途径，中国特色社会主义理论体系是行动指南，中国特色社会主义制度是根本保障，三者统一于中国特色社会主义伟大实践。

改革开放的进程和取得的成果、经验都需要制度规范来保障和巩固，中国特色社会主义理论体系最终也要在实践中落实到制度建设上，改革开放和中国特色社会主义的稳步推进，必须要建立完备的先进的中国特色社会主义制度。当前，我们一方面要彰显制度自信，充分认识并总结出其特点和优越性；另一方面，在中国特色社会主义实践中要完善中国特色社会主义制度，进一步发挥其自身优势。

制度自信源于中国深厚的历史文化传统和实践基础，以及由此形成的自身特色，中国制度是基于中国特定历史现实而形成的符合中国国情的制度。如果不是自己的，自信则根本无从谈起。独特的基本国情、独特的历史命运和独特的文化传统铸就了中国自己特有的制度。虽然在此过程中我们也学习借鉴了西方制度中的某些合理因素，但它是基于中国人自己的深思熟虑和自主选择而自主地建构起来的。习近平总书记指出：中国特色社会主义道路"是在改革开放三十多年的伟大实践中走出来的，是在中华人民共和国成立六十多年的持续探索中走出来的，是在对近代以来一百七十多年发展历程的深刻总结中走出来的，是在对中华民族五千多年悠久文明的传承中走出来的，具有深厚的历史渊源和广泛的现实基础"。中国特色社会主义是科学社会主义理论逻辑和中国社会发展历史逻辑的辩证统一。

以毛泽东同志为核心的党的第一代中央领导集体带领全党全国各族人民完成了新民主主义革命，进行了社会主义改造，确立了社会主义基本制度，成功实现了中国历史上最深刻最伟大的社会变革，为当代中国一切发展进步奠定了根本政治前提和制度基础。以邓小平同志为核心的党的第二代中央领导集体带领全党全国各族人民深刻总结我国社会主义建设正反两方面经验，从我国还处于并长期处于社会主义初级阶段的国情出发，作出把党和国家工作中心转移到经济建设上来、实行改革开放的历史性决策。

近三十多年来,在"一个中心、两个基本点"的基本路线下,在改革开放的摸索实践中,逐步确立了公有制为主体、多种所有制经济共同发展的基本经济制度和分配制度;建立了符合社会主义市场经济要求的中国特色社会主义法律体系;进一步完善了人民代表大会制的根本政治制度,中国共产党领导的多党合作和政治协商制度、民族区域自治制度以及基层群众自治制度等基本政治制度;在这些基本制度的基础上逐步建立了经济体制、政治体制、文化体制、社会体制等各项具体制度,还有中国共产党民主集中制、党内监督制度等党内法规制度,以上这些相互联系、相互促进协同的制度正是一套系统的当代中国制度体系。

制度自信充分体现在,与西方国家的制度相比,中国制度具有强大的生命力和无比的优越性。这一优越性,习近平总书记作了系统全面的概括:"这样一套制度安排,能够有效保证人民享有更加广泛、更加充实的权利和自由,保证人民广泛参加国家治理和社会治理;能够有效调节国家政治关系,发展充满活力的政党关系、民族关系、宗教关系、阶层关系、海内外同胞关系,增强民族凝聚力,形成安定团结的政治局面;能够集中力量办大事,有效促进社会生产力解放和发展,促进现代化建设各项事业,促进人民生活质量和水平不断提高;能够有效维护国家独立自主,有力维护国家主权、安全、发展利益,维护中国人民和中华民族的福祉。"这一表述指出,中国特色社会主义制度的优越性在于:保障人民当家做主的权利,维护国家和人民的利益;符合中国发展实际和规律,能够最大程度地释放社会生产力的活力;集中力量办大事,显示出特有的高效性;运行稳定,能够维护和协调好各种关系等。

党的十八届三中全会强调,全面深化改革的总目标是完善和发展中国特色社会主义制度,推进国家治理体系和治理能力现代化。我国社会主义还处在初级阶段,我们还面临许多没有弄清楚的问题和亟须解决的问题，对许多重大问题的认识和处理都还处在不断深化的过程之中，还需要在实践中不断深化和发展。在制度建设上，我国全面推进制度建设的时间并不长，国家的宏观制度向中观制度和微观制度的延伸和细化也才刚刚开始，各种制度和体制之间的相互配套还存在很多不足。中国特色社会主义制度有着强大的自我完善和发展能力，我们要在制度自信的基础上，努力使中国特色社会主义各项制度更加成熟、更加定型。中国制度成熟之时，正是中华民族伟大复兴之日。

完善和发展中国特色社会主义制度不仅对全面建成小康社会和实现中华民族伟大复兴中国梦具有重大意义，对丰富整个世界的制度文明，推动世界的发展也具有重要意义。因为，与西方诸多强国崛起不同，中国的崛起是一种新的文明的兴起，体现在制度上，就是一种新的制度文明的诞生，对世界其他国家和民族乃至人类文明的发展变革都具有借鉴意义。

完善和发展中国特色社会主义制度，必须对中国特色社会主义道路上一系列重大问题进行攻坚克难和深入研究。中国社会科学出版社组织国内著名学者编写的这套《中国制度》丛书，旨在对中国特色社会主义制度的历史和实践基础、基本内容、形成发展的内在逻辑、特点和优势以及未来的发展目标、步骤进行梳理、介绍，对中国制度有关重大理论问题进行探讨和研究。

期待该丛书对于进一步增强中国人民的制度自信，凝聚改革发展的共识和力量，发挥十分重要的积极作用。同时，也期望这套书成为外国读者了解中国、理解中国制度的入门书。

中国社会科学出版社社长

赵剑英

2016 年 12 月 30 日

序　言

收入分配制度是一个经济体的核心制度之一，也是判断一个经济体的性质的主要标准。马克思主义经济作家对资本主义的批判首先就是基于资本主义不平等的分配制度，在对未来社会的设想中，收入分配又是新制度的核心之一。按照马克思主义经典作家的设想，共产主义社会最终的分配制度是"各尽所能、按需分配"，但由于旧制度的影响仍然存在以及生产力的不够发达，在共产主义的第一阶段仍需要实行"按劳分配"的原则。在此后的社会主义实践中，生产资料公有制与收入分配的"按劳分配"的原则成为社会主义制度的主要标志。

中国社会主义建设实践过程中，对于实行什么样的分配制度也经过了一个长期的探索过程。在计划经济时期，"按劳分配"的原则一度被批判为所谓的"资产阶级"法权。改革开放可以说就是首先伴随着对恢复"按劳分配"原则开始的。在确立社会主义市场经济体制的改革目标后，在分配制度的构建中，需要解决的两个重大理论问题，一是按劳分配原则与按要素和按贡献分配的关系问题；二是分配制度中处理效率和公平的问题。在实践探索中，逐渐形成了按劳分配为主、按要素和贡献分配等多种分配方式并存的分配原则；在效率与公平的关系上，也经历了从效率优先、兼顾公平的原则，到初次分配和再分配都要兼顾效率和公平，再分配更加注重公平的原则。

对社会主义初级阶段收入分配制度的研究，一方面要对马克思主义经典作家和国际社会主义实践中收入分配的理论与制度探索进行系统的总结和评估，同时对西方经济学和西方发达国家收入分配的理论与制度进行分析和判断；另一方面，要对中国社会主义建设实践中的探索进行系统的总结和分析。

十八大以来，对社会主义基本分配制度的探索已成为全面建成小康社会、实现中华民族伟大复兴的"中国梦"的重要内容；在理论上，也是创新和发展中国特色社会主义政治经济学的重要内容。构建中国特色社会主义政治经济学，在坚持马克思主义的基本立场和方法的基础上，关键还是在于紧扣时代发展脉搏，紧扣当代中国的发展实践。对社会主义基本分配制度的探索也是如此，要在中国经济发展进入新常态、社会结构出现新特点的背景下来理解和把握。这些新特征包括经济增长进入下降区间、快速的人口结构转换和人口老龄化、大规模人口流动的常态化、新技术和新业态的不断涌现等。

在基本分配制度的建设上，面对这些新特征和新趋势，中央提出了共享经济的理念，这是中国特色社会主义政治经济学的一个重大理论创新。共享经济在坚持按劳分配和按要素贡献分配的多种分配方式并存的原则下，从社会成员共享发展成果的角度重新诠释了收入分配，突破了效率与公平的二元对立，强调了效率与公平的互补性和协调性，提出了新的政策含义。

首先，深化对按劳分配和按要素分配的研究。按劳分配是社会主义的基本分配原则。在传统社会主义观念中，按劳分配与按要素是对立的，按要素分配是资本主义的分配原则。随着现代科技的发展，特别是现代信息技术和移动技术的发展，新的产业组织形式和就业模式出现了，资本与劳动的关系也发生了变化。特别是在中国已经实现了生产资料公有制为主体的情况下，资本贡献、劳动价值、其他要素的回报相互结合在一起，按劳分配与按要素分配之间的藩篱需要打破，二者都是社会主义实现共享经济的方式。在以信息技术和移动技术为代表的新技术为特征的现代信息经济中，资本与劳动的关系出现了新的表现形式，例如出现了大量没有明确雇主的就业或非正规就业。这些新的业态和就业模式，将按劳分配和按要素分配混合在一起。这一新的形态需要对收入分配的基本表现形式进行深入研究。这些新的分配形式需要纳入到共享经济理念中。

其次，突出效率与公平的协调和统一。传统经济学的观点认为，效率与公平是对立的，效率优先意味着公平性下降，突出公平意味着效率降低。这一观点需要在新的经济条件下，在中国特色社会主义政治经济学的框架中深入分析。现代经济是人力资本为主的经济，人力资本的投资成为一个经济体是否具有竞争力的主要因素。对人的投资、以人为本的发展理念，一方面通过大规模的人力资本投资实现增长效率，另一方面人力资本投资本身就是消除贫困、实现包容性发展的主要途径。共享经济理念不仅是发展成果的共享，也是发展机会的共享。从这个角度理解，共享经济理念更加突出了效率和公平的统一性。

再次，共享经济还需要创新社会保障新理念。社会保障制度是收入再分配的主要制度安排。传统的社会保障首先是作为社会"安全网"，对竞争失败者及落入贫困的人进行救助。这种"被动式"的社会保障理念不适应现代社会风险的特征。从共享经济的理念入手，社会保障的理念也应创新和发展。要从消除社会成员脆弱性的角度出发，考虑社会保障的可支付和可持续性，着眼于提升个人、家庭和社会应对风险的能力，着眼于提升他们自身应对风险的能力，而不仅是被动提供收入补偿。

社会主义是一个动态的过程，而不是静止的概念。社会主义基本分配制度也是如此。从马克思主义经典作家开始，到国际上社会主义建设的实践，再到中国社会主义建设的探索，分配制度也一直在不断探索中完善。改革开放以来，中国形成了社会主义初级阶段的收入分配制度。十八大以来，适应经济发展进入新阶段，在基本收入分配制度方面形成了共享经济的新理念。这是中国特色社会主义政治经济学的重大理论创新。本书即以社会主义基本分配制度为主题，对社会主义基本分配的演变、发展以及共享经济理念的形成、特征、政策含义等进行了较为系统、全面的分析。当然，社会主义基本分配制度是一个非常大的题目，我们的研究也是初步的，一些结论还需要进一步探讨。如果本书能够引起读者进一步研究的兴趣，起到抛砖引玉的作用，那就更好不过了。

裴长洪

2016 年 9 月 20 日

目 录

第一章 马克思主义政治经济学关于分配的理论与制度演进 …… (1)
  第一节 马克思主义经典作家关于收入分配的基本思想 ……… (1)
    一 马克思关于收入分配的基本原理 ……………………… (1)
    二 共产主义的两个阶段 ……………………………………… (3)
    三 共产主义第一阶段的"按劳分配" ……………………… (4)
    四 共产主义高级阶段的"按需分配" ……………………… (5)
  第二节 苏联社会主义建设收入分配制度的探索 …………… (7)
    一 列宁、斯大林关于按劳分配的理论发展 ……………… (7)
    二 苏联计划经济时期的分配制度和分配格局 ………… (10)
  第三节 新中国成立之后对社会主义分配制度的探索 …… (14)
    一 积累与消费比例关系及统筹兼顾原则的形成 ……… (14)
    二 按劳分配与工资等级制 ………………………………… (17)
    三 反对物质激励与分配领域中实际上的平均主义 …… (18)
  第四节 改革开放后对社会主义收入分配制度的探索 …… (21)
    一 重新确立按劳分配的社会主义分配原则 …………… (21)

二　按劳分配为主体、多种分配方式并存…………………(24)
　　三　按劳分配与按要素分配…………………………………(26)
　　四　科学发展观与共享经济理念……………………………(28)

第二章　西方经济学关于收入分配的理论综述……………(30)
　第一节　古典经济学的收入分配思想……………………………(30)
　　一　17—18世纪英国的经济结构……………………………(31)
　　二　配第的分配理论…………………………………………(34)
　　三　斯密的分配理论…………………………………………(36)
　　四　李嘉图的分配理论………………………………………(39)
　第二节　新古典学派的收入分配思想……………………………(42)
　　一　马歇尔的分配理论………………………………………(42)
　　二　凯恩斯的分配理论………………………………………(46)
　第三节　第二次世界大战后西方经济学对收入分配的
　　　　　理论研究…………………………………………………(49)
　　一　结构主义学派的分配理论………………………………(49)
　　二　新古典学派的分配理论…………………………………(53)
　　三　新自由主义的分配理论…………………………………(55)

第三章　国民收入的初次分配与宏观分配格局……………(58)
　第一节　收入分配制度的演进……………………………………(58)
　　一　改革低效率分配制度的必要性…………………………(58)
　　二　初次分配制度的发展……………………………………(60)
　　三　再分配制度的演进………………………………………(63)
　　四　调节收入差距的制度……………………………………(65)

五　宏观分配格局的调整 …………………………………… (67)

　第二节　改革开放以来居民收入分配状况的总体趋势 ……… (68)

　　一　基尼系数的变动趋势 …………………………………… (69)

　　二　社会结构的变动趋势 …………………………………… (72)

　　三　居民收入差距较大的原因 ……………………………… (74)

　第三节　城乡、区域和行业之间宏观分配格局的差异 ……… (78)

　　一　城乡间收入差距分析 …………………………………… (78)

　　二　地区间收入差距分析 …………………………………… (80)

　　三　行业间收入差距分析 …………………………………… (82)

　第四节　国民收入分配中劳动报酬变动趋势分析 …………… (85)

　　一　三大主体初次收入的分配格局变化 …………………… (85)

　　二　三大主体可支配收入的分配格局变化 ………………… (90)

　　三　劳动报酬占国民收入比重的变化 ……………………… (96)

第四章　国民收入的再分配 …………………………………… (100)

　第一节　收入再分配及其政策框架 …………………………… (100)

　　一　马克思主义经济学中的国民收入再分配 ……………… (100)

　　二　西方经济学中的收入再分配 …………………………… (102)

　　三　中国收入再分配政策的变迁 …………………………… (103)

　第二节　税收与收入再分配 …………………………………… (105)

　　一　税收与收入再分配 ……………………………………… (106)

　　二　中国税制的演变及主要特征 …………………………… (107)

　　三　中国税收的收入再分配效应 …………………………… (111)

　　四　收入再分配中的税收政策 ……………………………… (113)

　第三节　公共支出收入再分配 ………………………………… (115)

一　公共支出的收入再分配效应……………………………(115)
　　二　中国的公共支出、转移支付与公共品提供……………(117)
　　三　公共支出的收入再分配效应……………………………(121)
　第四节　社会保险制度与收入再分配……………………………(123)
　　一　社会保险及其再分配效应………………………………(123)
　　二　中国的社会保险制度……………………………………(125)
　　三　中国社会保险的制度特征及收入再分配效应…………(128)
　第五节　完善收入再分配政策的建议……………………………(133)

第五章　共享发展新理念、新思路……………………………………(137)
　第一节　共享发展的新理念………………………………………(137)
　　一　经济发展的阶段性目标…………………………………(138)
　　二　共享发展的理念…………………………………………(140)
　　三　实现共享发展的必要性…………………………………(142)
　第二节　共享发展理念下初次分配的新思路……………………(146)
　　一　实行最低工资制度对提高劳动报酬的影响……………(146)
　　二　提高劳动生产率和人力资本对提高劳动
　　　　报酬的影响………………………………………………(150)
　　三　缩小地区差别的发展政策的作用………………………(153)
　　四　缩小城乡差别的产业发展政策的作用…………………(156)
　第三节　共享理念下再分配的新思路……………………………(161)
　　一　社会保护与人力资本型社会投资………………………(162)
　　二　精准扶贫与精准再分配的新思路………………………(164)
　　三　促进人力资本投资型服务业发展………………………(166)
　　四　大力发展社会公益组织…………………………………(170)

第四节　经济转型与收入分配政策的新挑战……………（172）
　　　一　经济转型期的新挑战…………………………（173）
　　　二　经济转型对收入分配状况的影响及政策调整………（177）

第六章　基本结论和政策含义………………………（180）

附录：改革开放以来关于收入分配的论述及政策梳理………（187）
　　附表1—1　"共同富裕"的提出………………………（187）
　　附表1—2　重新确立按劳分配为主体 ………………（188）
　　附表1—3　按劳分配为主体、多种分配方式并存的演进 …（189）
　　附表1—4　效率与公平下的再分配政策1——调节
　　　　　　　收入差距……………………………（192）
　　附表1—5　效率与公平下的再分配政策2——基本
　　　　　　　公共服务均等化……………………（196）

参考文献………………………………………………（207）

后　记…………………………………………………（220）

第 一 章

马克思主义政治经济学关于
分配的理论与制度演进

社会主义不论从其理论还是实践来看，都是一个动态过程，是一个随着时代不断发展的过程。在社会主义理论的发展史中，收入分配制度也是一个动态的、不断发展的、与时俱进的过程。在这一过程中，社会主义收入分配制度的理论和制度实践也在不断丰富、不断发展。马克思主义经典作家对未来社会收入分配的制度只提出了一些基本原则。在后来的社会主义建设实践中，对于构建什么样的基本分配制度也进行了不断探索。特别是中国特色社会主义的实践，在马克思主义基本原则的指导下，对基本分配制度进行了新的探索，成为中国特色社会主义政治经济学的重要组成部分。

◇ 第一节　马克思主义经典作家关于
收入分配的基本思想

一　马克思关于收入分配的基本原理

在马克思主义的经典著作当中，关于分配的基本原理是从分析资本主义的生产关系开始的。与此前的资产阶级经济学家将分配作为政治经济学的出发点进行研究不同,马克思政治经济学的一个基本观点是从生产和生产关系出发来理解分配和分配关系。在生产、分配、交换、消费四个环节中,生产是起决定性作用的。生产不仅决定分配的内容,也决定分配的形式。在《政治经济学批判》导言中,马克思专门对此进行了阐述,"分配的结构完全决定于生产的结构,分配本身是生产的产物,不仅就对象说是如此,而且就形式说也是如此。就对象说,能分配的只是生产的成果,就形式说,参与生产的一定形式决定分配的特定形式,决定参与分配的形式"①。"生产既支配着与其他要素相对而言的生产自身,也支配着其他要素。过程总是从生产重新开始。交换和消费不能是起支配作用的东西,这是不言而喻的。分配,作为产品的分配,也是这样。而作为生产要素的分配,它本身就是生产的一个要素。因此,一定的生产决定一定的消费、分配、交换和这些不同要素相互间的一定关系。"②"一定的分配关系只是历史规定的生产关系的表现。"③

因此理解和分析不同社会制度下的分配关系首先需要分析分配关系所依据的生产关系。在资本主义社会,由于生产资料的私人占有从而导致在分配关系中工人只能获得维持自身生存的工资,劳动创造的剩余价值被资产阶级占有。这种资本对劳动的剥夺构成了资本主义社会的基本特征。而这种剥夺不仅是不公平的,从社会生产的运动过程来看,也会导致资本主义的经济危机,从而最终导致资本主义的消亡。这是马克思在《资本论》中反复阐明的一个逻辑。资产阶级对工

---

① 《马克思恩格斯选集》第二卷,人民出版社1995年版,第13页。
② 同上书,第17页。
③ 《马克思恩格斯全集》第二十五卷,人民出版社1974年版,第997页。

人阶级的剥削的根源是生产资料的私人占有，资产阶级凭借对生产资料的占有无偿占有工人阶级的剩余价值。因此，对未来社会的设想，首先是生产关系的变革，"消灭私有制"成为共产党人的一面旗帜。

二 共产主义的两个阶段

那么，在"消灭私有制"、实现生产资料的社会共同占有之后的社会形态是什么样子的？马克思主义经典作家对此有过设想。这些设想逻辑上来源于对资本主义运行逻辑的分析。这个新社会最主要的特征是实现了生产资料的社会共同占有，劳动与生产资料之间因生产资料私人占有而导致的分离消失了。在资本主义社会生产资料的私人占有导致劳动与生产资料的分离，而这正是资产阶级能够剥削工人阶级的前提条件。在新的社会形态中，由于劳动资料归社会共同占有，一部分人凭借占有生产资料而无偿占有另一部分人的劳动成果的现象也就消失了。生产关系的这种变化直接表现在分配关系上。

对于未来社会分配关系的设想，是与对未来社会的发展过程的划分相对应的。根据马克思的理解，未来的生产资料共同占有的共产主义社会根据其发展进程分为两个阶段：在第一阶段（或社会主义阶段），"我们这里说的是这样的共产主义社会，它不是在他自身基础上已经发展了的，恰好相反，是刚刚从资本主义社会中产生出来的，因此它在各方面，在经济、道德和精神方面都还带着它脱胎出来的那个旧社会的痕迹"[①]。而共产主义的高级阶段"在迫使人们奴隶般地服从分工的情形已经消失，从而脑力劳动和体力劳动的对立也随之消失

[①] 《哥达纲领批判》，中共中央马恩列斯著作编译局译，人民出版社1965年版，第12页。

之后；在劳动已经不仅仅是谋生的手段，而且本身成了生活的第一需要之后；在随着个人的全面发展生产力也增长起来，而集体财富的一切源泉都充分涌流之后"[1]。这两个阶段的分配方式由于所依据的生产力发展水平、旧社会的遗痕等原因而有很大的差别。理解这两个差别是理解之后社会主义建设实践中基本分配制度的关键。

三 共产主义第一阶段的"按劳分配"

在共产主义的第一阶段，马克思主义经典作家设想的分配原则是"按劳分配"。"按劳分配"指的是社会总产品在做出必要的扣除后，这些扣除既包括对消耗掉的生产资料的补偿的部分，也包括应付各种社会风险的保障基金，以及一般管理费用等，剩下的总产品按照社会成员提供的劳动量来进行分配。按照提供的劳动量进行分配，一方面是因为在已经实现生产资料共同所有后，社会成员"除了自己的劳动，谁都不能提供其他任何东西，另一方面，除了个人的消费资料，没有任何东西可以成为个人的财产"[2]，因此只能按照每个社会成员提供的劳动进行分配。

按劳分配承认人们之间在收入上的差距，这种差距的来源虽然也是"一种不平等的权利"，但主要是每个劳动者不同的工作能力的差异以及不同的劳动者的家庭负担的差异，而不是像资本主义社会中的因为生产资料占有的差异而产生的"阶级差异"。

从生产力决定生产关系，生产关系决定分配关系的原理出发，这

---

[1] 《哥达纲领批判》，中共中央马恩列斯著作编译局译，人民出版社1965年版，第14页。

[2] 同上书，第13页。

种差异"在共产主义社会第一阶段,在它经过长久的阵痛刚刚从资本主义社会里产生出来的形态中,是不可避免的"①。按照马克思的说法"权利永远不能超出社会的经济结构以及由经济结构所制约的社会的文化发展"②。

按劳分配并不是共产主义社会最"理想的"分配方式,因为"这里通行的是商品等价物的交换中也通行的同一原则,即一种形式的一定量的劳动可以和另一种形式的同量劳动相交换","这里平等的权利按照原则仍然是资产阶级的法权"。③ 而之所以要使用这种仍然带有资本主义社会痕迹的分配方式,其根本原因就在于生产力的发展水平还没有达到"极大丰富"。也就是说,按劳分配这一分配方式具有过渡性、阶段性、暂时性。一旦社会生产力高度发达、物质产品极大丰富、人们的共产主义觉悟达到一定高度,那么生产资料的社会共同占有必然在分配关系上超越按劳分配。

四 共产主义高级阶段的"按需分配"

在进入共产主义高级阶段后,在分工消失、体力劳动和脑力劳动的差别消失、劳动成为第一需要、生产力高度发达、集体财富充分涌流之后,"只有在那个时候,才能完全超出资产阶级法权的狭隘眼界,社会才能在自己的旗帜上写上:各尽所能,按需分配"。这是马克思对共产主义高级阶段分配方式的设想。"各尽所能,按需分配"是共

---

① 《哥达纲领批判》,中共中央马恩列斯著作编译局译,人民出版社1965年版,第14页。
② 同上。
③ 同上书,第13页。

产主义高级阶段的一个基本特征，其基本含义是每个劳动者尽自己的能力为社会工作，自愿地、无定额地、没有报酬条件地为公共利益劳动，充分发挥自己的聪明才智；社会则按照每个人的需要来分配消费品。①

按照马克思主义经典作家的理解，共产主义社会与其他社会形态最重要的差别就是"人们的头脑和智力的差别，根本不应引起胃和肉体需要的差别"，这句话背后的含义是在共产主义社会中，不应该是"按能力计酬"，而应该是"按需分配"，"劳动上的差别不会引起在占有和消费方面的任何不平等，任何特权"。② 也就是说，任何将消费品的分配与"劳动""贡献""能力"等联系起来的分配方式，都不是共产主义的。这也是按劳分配仍然是资产阶级法权框架内的分配方式的原因。

理解"按需分配"，其前提首先是生产力的高度发展和人的共产主义觉悟的高度发展；制度条件则是生产资料的社会共同占有。这两个条件缺一不可。在生产力不甚发达的条件下，即使具备了制度条件，"按需分配"也只能是对劳动者进行的低标准的配给制，或只是满足社会成员的基本生存需要；而在生产力高度发达的条件下，若没有制度条件即没有实现生产资料的社会共同占有，那么也很难实现"按需分配"。"按需分配"是实现人的自由、全面发展的基础，也是共产主义社会的标志之一。如果说按劳分配还具有过渡性，那么"按需分配"则是共产主义的终极理想之一。

---

① 周成启：《关于"各尽所能，按劳分配"和"各尽所能，按需分配"的历史考察》，《安庆师范学院学报》1986年第3期。
② 《马克思恩格斯全集》第三卷，人民出版社1960年版，第637页。

◇◇第二节 苏联社会主义建设收入分配制度的探索

苏联是第一个将社会主义从理论变为现实的国家。对于如何建设社会主义，除了马克思主义经典作家的理论论述外，在当时并没有一个可供参考借鉴的现成的社会主义制度以及社会主义制度下的收入分配模式。在这样的情况下，以列宁和斯大林为代表的苏联共产党（布尔什维克）如何建设社会主义进行了探索，并确立了计划经济下的按劳分配原则及其实现形式。苏联社会主义制度的主要特征之一是完全的计划经济。这一计划经济模式在生产资料所有制上，建立了全民所有制和集体所有制，在分配方式上建立了"各尽所能，按劳分配"的基本原则。

一 列宁、斯大林关于按劳分配的理论发展

1. 确认按劳分配是社会主义（共产主义第一阶段）的分配原则

苏维埃社会主义共和国建立之初对于建设一个什么样的共产主义社会制度进行了探索。战时共产主义的实践表明，脱离社会生产力发展的现实状况，立即实现共产主义的原则是不可能的。新经济政策的实施即是列宁对如何在一个落后国家建设社会主义进行的探索。在这些探索中，列宁、斯大林以及苏联共产党（布尔什维克）认为社会主义的基本分配制度应该是按劳分配。按劳分配的实践含义则是按照每个社会成员提供的劳动的质和量进行分配，"多劳多得、少劳少得，不劳动者不得食"。

列宁在《国家与革命》中对共产主义的实现过程的分析中将共产

主义划分为两个阶段：社会主义阶段和共产主义的高级阶段。社会主义阶段的两个主要特征即是生产资料的公有制与按劳分配："人类从资本主义只能直接过渡到社会主义，即过渡到生产资料公有和按每个人的劳动量分配产品。"① 但是，列宁也认识到按劳分配仍然是"不公平的"，仍然是按"劳动"而不是按需要进行分配。之所以如此，列宁认为有两个原因：一是人们不具备共产主义素质和觉悟，"在推翻资本主义之后，人们立即就能学会不要任何权利准则而为社会劳动"这一点还不能实现；二是缺乏经济条件，即生产力不发达，"资本主义的废除不能立即为这种变更创造经济前提"。②

斯大林则将按劳分配直接纳入到了社会主义的公式中，将其作为社会主义社会的标准之一，"各尽所能，按劳分配——这就是马克思主义的社会主义公式，也就是共产主义的第一阶段即共产主义社会的第一阶段公式"。③ 之所以不能立即实行"各尽所能，按需分配"，原因是"阶级还没有彻底消灭""劳动还没有从生存手段变成人们的第一需要、变成为社会谋福利的自愿劳动"。④

2. 坚持按劳分配与国家监督和反对平均主义

列宁和斯大林关于按劳分配理论的发展，延续了马克思对按劳分配的分析，也延续了马克思关于按劳分配的过渡性和暂时性的观点。但是，列宁和斯大林面对的是复杂的建设社会主义的现实，需要充分考虑按劳分配实现的现实条件，以及考虑按劳分配对社会主义生产产

---

① 《无产阶级在我国革命中的任务》，《列宁全集》第29卷，人民出版社1984年版，第178页。

② 《国家与革命》，《列宁全集》第31卷，人民出版社1984年版，第90—91页。

③ 《和德国作家埃米尔·路德维希的谈话》，《斯大林选集》下册，人民出版社1979年版，第308页。

④ 同上。

生的影响。为了在现实中顺利实现按劳分配的原则，两个现实的政策问题必须充分考虑：一是按劳分配所需要的国家监督；二是按劳分配与平均主义。

要推行按劳分配的政策，首先需要对劳动者提供的劳动的质和量进行测量和记录，以便与其能够获得的社会产品相联系。但是在社会主义社会，由于社会成员间仍然存在劳动能力的差别、存在脑力劳动和体力劳动的差别，也由于仍然存在"资产阶级权利的狭隘眼界""像夏洛克那样冷酷地斤斤计较，不愿比别人多做半小时工作，不愿比别人少得一点报酬的狭隘眼界"，① 不同社会成员能够提供的劳动的质和量仍然存在较大差别。在这样的情况下，"在共产主义的'高级'阶段到来以前，社会主义者要求社会和国家对劳动量和消费量实行极严格的监督"。② 当然，这种监督的性质不同于资本主义社会资本家对工人的监督。在社会主义社会已经实现了生产资料的社会占有之后，已经消除了一部分人通过掌握生产资料对另一部分的剥削，消除了剥削的基础。因此，这种监督也失去了剥削的意义，而成为仅因为生产过程需要而产生的监督。

对劳动者的监督从按劳分配的角度，不仅实现了根据能力和贡献的差别分配产品的公平性原则，而且是激励劳动者努力工作的工具。在这一点上，平均主义与按劳分配是格格不入的。"平均主义主张不管劳动的数量和质量，不管工作者的熟练程度和劳动生产率，一律付给平均的劳动报酬。平均主义是小资产阶级对社会主义的一种观念，它认为消费、生活条件、口味和需要全都一样就是社会主义。他给生

---

① 《国家与革命》，《列宁全集》第31卷，人民出版社1984年版，第92页。
② 同上书，第93页。

产带来极大的危害"。① 对此，列宁早有明确的认识：在俄国这样一个落后的农业国，在社会主义建立之初，如果过早地"按照平均分配的原则来分配粮食会产生平均主义。这往往不利于提高生产"。

二 苏联计划经济时期的分配制度和分配格局

（一）计划经济下的工资与工资制度

苏联的社会主义经济制度是典型的计划经济体制，在所有制结构上建立了全民所有制和集体所有制经济，在生产安排上基本实现了完全的计划控制。与之相对应，在分配上采取了按劳分配的制度。在按劳分配的具体实现模式上，按照马克思的设想，按劳分配作为共产主义第一阶段的分配方式，劳动者"从社会方面领的一张证书，证明他提供了多少劳动（扣除他为社会基金而进行的劳动），而他凭这张证书从社会储存中领得和他所提供的劳动量相当的一份消费资料"。② 这是一种"劳动卷"的设想。

在已经实现了生产资料公有的条件下，这种"劳动卷"演变成社会主义制度下的工资。根据苏联时期的制度安排，社会主义下由于消灭了劳动力的买卖，工人的工资不是劳动力的价格，而是"根据按劳分配的经济规律规定的"对工人进行消费资料分配的凭证。③

实际上，在计划经济下工资以及规定工资的按劳分配制度不仅是

---

① 苏联科学院经济研究所编：《政治经济学教科书（下册）》，人民出版社1959年版，第525页。
② 《哥达纲领批判》，中共中央马恩列斯著作编译局译，人民出版社1965年版，第12页。
③ 苏联科学院经济研究所编：《政治经济学教科书（下册）》，人民出版社1959年版，第526—527页。

工人分配消费资料的凭证，而且也是"最重要的经济工具之一"，这种经济工具就是鼓励劳动，作为激励工人努力劳动的工具，将分配所得与劳动贡献联系起来，"在社会主义社会中，可以利用这种经济工具，鼓励诚实的劳动态度，促使每个工作者从个人的物质利益上去关心自己的劳动结果。因此，工资是劳动生产率增长的强大因素，它能把工作者个人的物质利益和国家的（全民的）利益正确结合起来"。①

工资的差别体现了工人阶级内部个人收入的差别，而这种工资收入上的差别也正是按劳分配的内在要求。但由于已经实现了生产资料的公有，这种差别仅是消费资料上的差别。在实际的工资制度中，"根据按劳分配的经济规律的要求，社会主义国家的工资政策建立在劳动报酬的全面级差的原则上"。②那些劳动能力高一些、劳动熟练程度好一些的工人得到的工资就多一些。当然，在计划经济条件下，也存在工资收入的部门差距。在苏联时期，"由于在经济上需要鼓励国民经济主要部门的劳动，因此，为冶金工业、煤炭工业、石油工业、机器制造业等等重工业部门的工作者规定较高的工资"。③

在工资的形式上，在社会主义建立之初，由于仍然存在的平均主义倾向和从社会主义反对收入差距的意识出发，在20世纪20年代"苏联社会主义企业中居统治地位的是平均主义和计时付酬制"。④这种平均主义倾向不利于生产发展。在社会主义建设的实践中，逐渐认识到平均主义不是按劳分配，也不是社会主义的特征。斯大林认为

---

① 苏联科学院经济研究所编：《政治经济学教科书（下册）》，人民出版社1959年版，第527页。

② 同上书，第528页。

③ 同上。

④ 特里福诺夫、希罗科拉德编：《社会主义政治经济学史》，李景琪、徐云青等译，商务印书馆1994年版，第409页。

"所有的人都领取同样的工资、同等数量的肉、同等数量的面包，穿统样的衣服，领取同样的和同等数量的产品，——这种社会主义是马克思主义所不知道的"。[1] 因此，在之后的国营企业工资制度中，广泛采用的是计件工资形式。"计件工资形式是促使工作者从物质利益上更加关心自己的劳动结果的一种形式"。[2]

要实现工资等级制激励工人劳动的目的，就需要制定合理的工资登记表，需要对每种工作、每样劳动进行合理的评价。因此，在苏联计划经济时期发展了非常复杂的工资等级表、技术等级表等，并根据工作者的熟练程度、技术水平等设定相应的工资等级。

（二）工资增长与分配格局

在社会主义建设时期，始终面临工资增长的问题。在社会主义计划经济的框架中，全部社会总产品，除去补偿消耗掉的生产资料外，剩下的新增部分（即社会总产品公式中的 V+M 部分）扣除积累部分后，才是可供分配的消费资料；而在消费资料中，还需要扣除社会共同需要的产品的消耗，比如公共服务基金、社会福利基金、教育基金等积累，剩下的才是可供分配的消费基金。

根据计划经济的理论，社会主义计划经济下由于实现了生产的有计划性，从而消除了资本主义经济内在的因为积累和消费的冲突所导致的经济危机。在计划经济的实际运作过程中，需要在积累和消费之间以及在公共费用扣除和可供分配的消费资料之间进行合理分配。在

---

[1] 《和德国作家埃米尔·路德维希的谈话》，《斯大林选集》下册，人民出版社1979年版，第308页。

[2] 苏联科学院经济研究所编：《政治经济学教科书（下册）》，人民出版社1959年版，第530页。

这一过程中，一个重要的问题是如何处理工资的增长，即通常所说的如何处理"建设"与"吃饭"之间的关系。在这一点上，苏联在社会主义建设中逐步形成两个原则，一是工人的实际收入中隐性收入占比较大；二是工资的增长要低于劳动生产率的增长。

实际工资不断增长与社会主义的分配制度密切相关。在苏联计划经济下，工人的工资不仅体现在以货币形式发放的收入上，而且体现在无所不包的各种社会公共产品、社会福利、社会保障的提供上。在这方面，第一是公共住宅的提供；第二是非常低的税收以及稳定的价格；第三是普遍的社会保险；第四是以实物形式配给的诸如教育、医疗等公共服务。可以说，这种以非货币形式提供的实际收入是计划经济下社会主义的主要特征之一。在苏联时期，"工人和职员的实际收入比他们（以货币形式）得到的工资大约多三分之一"。[①]

在苏联社会主义建设初期，由于对社会主义建设的规律认识不足，曾经出现过工资增长过高的情况，超过劳动生产率，从而降低了生产增长的速度。随着对社会主义建设规律的认识，工资增长不能超过劳动生产率的原则逐渐确立。但是在实际的经济运行中，由于各种原因，苏联一些主要生产部门中的工资增长还是超过了劳动生产率的增长。1966—1980年物质生产部门平均工资增长为262%，劳动生产率增长为259%；1982年工资增长比劳动生产率增长快1/3。[②] 这是导致苏联后期经济增长缓慢的主要原因之一。

苏联是第一个进行社会主义建设的国家，在社会主义建设过程中

[①] 苏联科学院经济研究所编：《政治经济学教科书（下册）》，人民出版社1959年版，第537页。

[②] 梁华英：《苏联对劳动生产率增长与工资增长关系的探索》，《天津财经学院学报》1986年第1期。

对分配制度进行了许多开创性的探索。总结起来，一是在理论上确定了社会主义阶段的分配原则只能是按劳分配，且随着生产力的发展及劳动者共产主义觉悟的提高，逐步过渡至"按需分配"；二是在实践中确定了以工资形式进行个人收入分配的基本原则；三是在初次分配中，要处理好积累与消费、经济增长与工资增长之间的关系。但是，苏联时期的计划经济特征以及与之相匹配的分配方式也存在一些问题，这些问题归结起来，一是在个人收入分配中，按劳分配如何处理平均主义与工资对工人劳动的物质激励之间的问题；二是在初次分配中，如何处理"建设"与"吃饭"的关系。

但无论如何苏联对社会主义制度下的分配制度的探索都具有开创性的意义，并成为后来包括中国在内的社会主义国家借鉴的蓝本。

第三节　新中国成立之后对社会主义分配制度的探索

新中国成立之后，对于如何建设社会主义，如何确定社会主义制度下的分配原则和分配制度，也经历了不断的探索过程。这个探索过程可大致分为两个阶段：第一个阶段是从1949年到20世纪70年代末的计划经济时期，第二个阶段是70年代末期之后改革开放以来对分配制度的探索。本节重点分析第一阶段中国的基本分配制度的理论及制度特征。

一　积累与消费比例关系及统筹兼顾原则的形成

苏联社会主义建设的一个主要特征就是其以"条条"为主的严格

的计划经济体制。这一特质在基本分配制度上，可以通过计划方式集中资源进行建设，从而实现一个时期较快的经济增长。这就是苏联的重工业较快发展的模式。但是这一模式的一个弊端是人民消费品的短缺以及工人整体收入增长缓慢。苏联后期人民生活水平增长缓慢甚至停滞，与没有处理好积累和消费之间的关系有很大的关系。

新中国成立初期，毛泽东对苏联没有处理好积累和消费之间的关系以及带来的问题有过深刻的认识，并将其上升为如何处理国家、集体、个人三方面利益之间的关系，以及长远利益和短期利益之间的关系。在《论十大关系中》，从借鉴苏联的教训出发，毛泽东提出要三者兼顾，并特别提出"工人的劳动生产率提高了，他们的劳动条件和集体福利就需要逐步有所改进。随着整个国民经济的发展，工资也需要适当调整"①。在处理国家、集体和个人三方面的利益矛盾时，"对于国家的税收、合作社的积累、农民的个人收入这三方面的关系，必须处理适当，经常注意调节其中的矛盾。国家要积累，合作社也要积累，但是都不能过多。我们要尽可能使农民在正常年景下，从增加的生产中逐年增加个人收入"②。处理三者之间的关系的基本原则是统筹兼顾，"我们的税收政策、物价政策、工资政策和合作社收益的分配政策，应当既能够保证社会主义建设所需要的资金积累，又能够保障人民生活的逐步改善"③。

统筹兼顾作为处理积累和消费、国家与集体、个人之间分配关系的基本原则，虽然在理论上确立起来，但在实践中的实施并不顺利，而是几经反复。从新中国成立初期到"文化大革命"结束，积累占国

---

① 《毛泽东文集》第七卷，人民出版社1999年版，第28页。
② 同上书，第221页。
③ 《中国共产党第八次全国代表大会关于政治报告的决议》，1956年9月。

民收入的比重高的年份达到了43.9%（1959年），低的年份则下降到只有10.4%（1964年）。① 以支出法计算的国民生产总值中，若将资本形成视作积累，最终消费视作消费，那么图1—1显示出1952—1979年积累占比的变动趋势波动剧烈。这也反映了计划经济条件下，使用计划的方式确定积累和消费之间的比例关系存在不确定性。

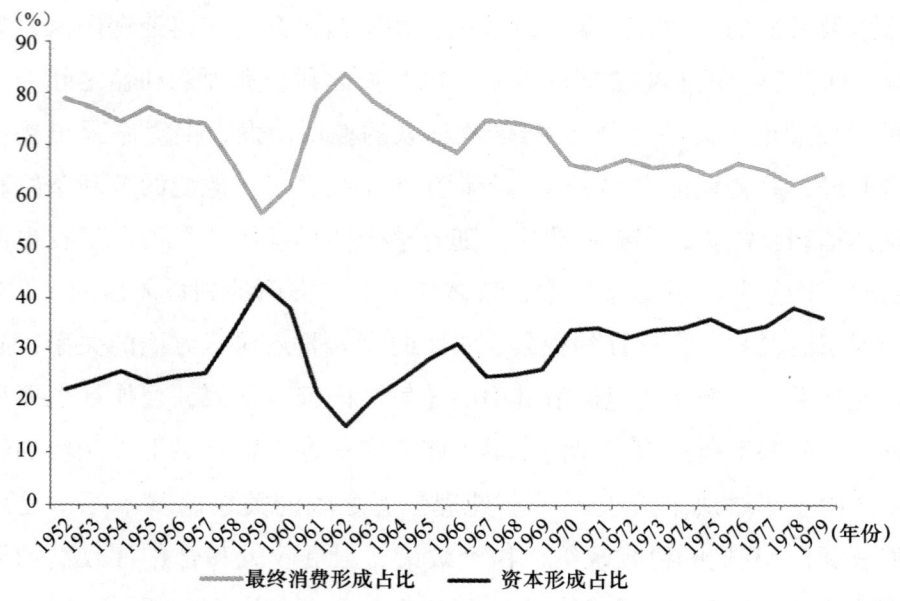

图1—1　支出法计算的国内生产总值中资本形成与最终消费占比（1952—1979）

数据来源：《新中国60年统计资料汇编》。

注：收入法计算的国内生产总值＝最终消费＋资本形成＋货物和服务净出口。国内生产总值与国民收入的计算方法不同，因此国民收入中积累占比与支出法计算的资本形成占比有所差异。

---

① 于俊文、赵彦荣：《学习毛泽东关于积累与消费的理论》，《经济纵横》1993年第12期。

二 按劳分配与工资等级制

苏联基本分配制度的第二个特征，体现在确定了个人消费品的按劳分配的原则，并将其制度化为等级制的工资制度。在苏联社会主义建设中，工资的作用除了作为消费品分配的标准外，另一个重要的作用是作为提高生产率的方法、工具和手段。工资（分配）的这一作为物质激励手段的思想在后期随着苏联经济增长的下降被更加重视起来："以最好的方式利用工资，把它当做提高劳动生产率的因素之一，当做稳定劳动力、防止劳动力流动的因素之一，当做刺激提高技能进一步开展社会主义竞赛和突击手运动、生产合理化、更好组织劳动的因素之一。工资不仅是福利水平问题，而且是劳动组织问题。"[1]

新中国成立之后在社会主义制度建设方面主要是借鉴苏联的计划经济的社会主义，在个人收入分配上也确立了"按劳分配"的原则。在具体的分配方式上，也逐渐学习苏联建立了工资等级制。1949年新中国成立之前中国共产党在根据地对个人消费品的分配的主要实行的是供给制，以及对部分技术工人的薪金制。新中国成立之后到1955年国家机关工作人员和党的工作人员实行的是供给制与部分工资制的混合制度；1955年8月国务院决定执行新的工资制，统一国家机关工作人员的待遇标准，实行工资等级制，从中央主席的一级到最低勤杂人员的三十级。1956年6月国务院发布了工资改革的决定，把全国工资标准分为11类地区。同时，这次改革还决定实行直接用货币规定

---

[1] 特里福诺夫、希罗科拉德编：《社会主义政治经济学史》，李景琪、徐云青等译，商务印书馆1994年版，第405页。

工资标准的制度。① 这一工资设立之后在之后的将近30年基本维持不变，只是有过几次不同类别或不同等级职工的工资调整。特别是"文化大革命"期间，工资标准几乎冻结。

三 反对物质激励与分配领域中实际上的平均主义

以等级工资制为实现形式的计划经济下的"按劳分配"，除了作为个人消费品的分配标准外，还有一个主要的功能即对工人的物质激励功能。但是这一点极易拉大工人之间的收入差距，从而受到诟病。反对按劳分配作为物质激励手段的声音一直也是苏联分配制度争论中的焦点问题之一。② 反对将按劳分配作为激励手段的理论依据主要来自按劳分配的暂时性和过渡性。马克思对未来共产主义的设想分为两个阶段，第一阶段的分配原则是按劳分配，但按劳分配只是过渡到高级阶段的暂时性的分配方式。按照马克思在《哥达纲领批判》中所分析的，按劳分配仍然通行的是商品交换的准则，体现了资产阶级法权；之所以在社会主义阶段使用按劳分配不过是因为条件不具备，一旦条件具备，就应该立即实行"按需分配"。

反对按劳分配作为物质激励手段的观点，认为不能将按劳分配神圣化、凝固化，而是将其作为实现"按需分配"的过渡性的分配方式。按劳分配作为物质激励的手段，也是违背马克思主义基本观点的，而且也不能真正发挥对工人的"激励作用"。新中国成立之后，

---

① 《新中国工资制度是怎么建立起来的》，载《南京日报》2012年3月14日第A23版。

② 特里福诺夫、希罗科拉德编：《社会主义政治经济学史》，李景琪、徐云青等译，商务印书馆1994年版，第405页。

第一章 马克思主义政治经济学关于分配的理论与制度演进 | 19

毛泽东对社会主义分配制度的思考和观点，虽然也承认按劳分配，但是认为按劳分配只能在短时间内存在，还是要尽快过渡到"按需分配"。对于按劳分配以及等级工资制对工人劳动的物质激励，毛泽东也是反对的，认为物质激励不能片面化、绝对化，还是应该靠共产主义觉悟和政治教育、政治挂帅。在读苏联《社会主义政治经济学教科书》的谈话中，毛泽东指出"教科书把物质刺激片面化、绝对化，不把提高觉悟放在重要地位，这是很大的原则性错误。拿八级工资制来说，他们不能解释同一级工资中间，为什么人们的劳动有几种不同的情况。比如说，都是五级工，可是有一部分人就干得好，有一部分人就干得很不好，有一部分人干得大体上还好。物质刺激都一样，为什么有这样的不同呢？照他们的道理，这是解释不通的"。① 对于物质利益的刺激，毛泽东认为"物质利益是一个重要原则，但不是唯一的原则，更不能当做决定行动力"。② 以此为出发点，毛泽东认为执行按劳分配要留有一定的余地，"'彻底实行按劳分配'，带来个人主义危险"。③

反对按劳分配的物质激励作用，在理论上导致了"文化大革命"期间所谓的无产阶级专政期间要反对资产阶级法权。1975年毛泽东对此提出"总而言之，中国属于社会主义国家。解放前跟资本主义差不多。现在还实行八级工资制，按劳分配，货币交换，这些跟旧社会没有多少差别。所不同的是所有制变更了。毛主席指出：我国现在实行的是商品制度，工资制度也不平等，有八级工资制，等等。这只能

---

① 中华人民共和国国史学会编：《毛泽东读社会主义政治经济学批注和谈话（简本）》，2000年，第280—281页。

② 同上书，第281页。

③ 同上书，第285页。

在无产阶级专政下加以限制"。① 在这种思想的指导下，20世纪70年代中期出版的《社会主义政治经济学》将这种资产阶级法权阐释为，"必须在无产阶级专政下加以限制，逐步缩小等级差别，批判资产阶级法权思想，发扬共产主义精神，以创造物质的和精神的条件，逐步用按需分配代替按劳分配。不然的话，把按劳分配神圣化、凝固化，巩固、扩大、强化资产阶级法权和它所带来的那一部分不平等，那就必然会产生贫富悬殊、两极分化的现象，资本主义和资产阶级就会更快地发展起来"。②

反对按劳分配的物质激励作用，强调政治挂帅在现实中带来的一个后果是平均主义大锅饭盛行，严重影响了劳动生产率。虽然毛泽东也屡次提出要反对平均主义，"我们的工资制度，既反对平均主义，也反对过分悬殊"，③ 当时的《社会主义政治经济学》也专门提出"绝对平均主义是小资产阶级的平等观在分配问题上的表现，是手工业和小农经济的产物"，"在个人消费品的分配上，也要反对绝对平均主义"。④ 但是，在当时的生产力发展水平下，在当时的历史条件下，按劳分配的物质激励作用是必需的，依靠所谓的政治挂帅并不能起到促进生产的作用。相反，依靠政治挂帅、思想教育发展生产的做法，不仅带来平均主义大锅饭，"干多干少一个样"，而且将物质待遇固定化、终身化、世袭化，严重限制了社会流动和职业流动。

---

① 《人民日报》1975年2月22日第1版。
② 《社会主义政治经济学》编写小组编：《社会主义政治经济学（未定稿第二版·征求意见用）》，1975年，第303页。
③ 中华人民共和国国史学会编：《毛泽东读社会主义政治经济学批注和谈话（简本）》，2000年，第285页。
④ 《社会主义政治经济学》编写小组编：《社会主义政治经济学（未定稿第二版·征求意见用）》，1975年，第306页。

◇◇ 第四节　改革开放后对社会主义收入分配制度的探索

一　重新确立按劳分配的社会主义分配原则

新中国成立之后社会主义分配制度的探索，虽然坚持了按劳分配，但过分强调按劳分配的过渡性、暂时性，强调按劳分配可能导致的贫富悬殊，并将其上升到"资本主义复辟"的高度来认识。这种分配观在"文化大革命"中达到高潮，以至于按劳分配在现实中演变成了"按政治态度"分配，演变成了平均主义大锅饭，严重影响了工农业生产。

对此，在一线工作的邓小平有清醒的认识。早在 20 世纪 70 年代中期，邓小平复出后主持中央工作，就提出要坚持按劳分配原则，并特别重视按劳分配中的物质激励原则，"所谓物质鼓励，过去并不多。人的贡献不同，在待遇上是否应当有差别？同样是工人，但有的技术水平比别人高，要不要提高他的级别、待遇？……如果不管贡献大小、技术高低、能力强弱、劳动轻重，工资都是四五十块钱，表面上来似乎大家是平等的，但实际上是不符合按劳分配原则的，这怎么能调动人们的积极性？"[①] 这一观点强调了分配制度中能力、贡献与分配的关联，强调了按劳分配的物质激励原则。

改革开放后，确立以经济建设为中心的路线，实际上也是从对按劳分配的讨论开始的。在粉碎"四人帮"后，学术界从 1977 年到

---

① 《邓小平文选》第二卷，人民出版社 1994 年版，第 30 页。

1978年召开了四次按劳分配问题理论讨论会,肃清了"文化大革命"期间关于按劳分配的一些不正确的观点,为重新确立正确的按劳分配原则提供了基础。① 这些讨论虽然还带有"文化大革命"期间的一些痕迹,例如仍然强调"无产阶级政治挂帅,做好政治思想工作",但也重新确认了按劳分配在激励工人努力工作方面所起到的物质鼓励的作用,"按劳分配能够促进社会生产力的发展,促进创造出新的劳动生产率",不论对工人还是管理人员,都要"有奖有罚,奖罚分明"。② 1978年国务院政治研究室起草了《贯彻执行按劳分配的社会主义原则》,邓小平认为"写得好,说明了按劳分配的性质是社会主义的,不是资本主义的"。并特别强调了所谓"按劳分配就是按劳动的数量和质量进行分配。根据这个原则,评定职工工资级别时,主要看他的劳动好坏、技术高低、贡献大小",对于政治态度,"也要看",但"处理分配问题如果主要不是看劳动,而是看政治,那就不是按劳分配,而是按政分配了","总之,只能是按劳,不能是按政,也不能是按资格"。③

这一阶段对于分配问题的另一个创新是允许一部分人、一部分地区先富起来的"先富论"。坚持按劳分配的物质激励原则,坚持按照劳动的质和量分配,就必然会产生收入差距,必然会出现一部分人先富起来的现象。如何对待这个问题,邓小平在《解放思想,实事求是,团结一致向前看》的讲话中提出:"在经济政策上,我认为要允许一部分地区、一部分企业、一部分工人农民,由于辛勤努力成绩大

---

① 张问敏:《建国以来按劳分配问题讨论评述》,《经济科学》1985年第5期。
② 《贯彻执行按劳分配的社会主义原则》,《人民日报》1978年5月5日。
③ 《邓小平文选》第二卷,人民出版社1994年版,第101页。

而收入先多一些，生活先好起来"，①并且认为先富起来的这些地区和人通过示范效应和带动效应，带动其他地区、其他单位和个人共同富裕起来，"这样，就会使整个国民经济不断地波浪式地向前发展，使全国各族人民都能比较快地富裕起来"。②

按劳分配是原则，可以有不同的具体的实现形式。等级工资制是一种实现形式，在农村集体经济中的按工分分配也是一种形式。但是，实践证明这两种形式不利于生产发展，更容易产生平均主义大锅饭。在20世纪70年代末期、80年代初期，农村首先打破原先的集体经济实现形式，实行了家庭联产承包责任制，将生产成果与劳动贡献直接挂钩，从而极大提高了农村生产力，农民收入水平有了明显提高。在农村改革的基础上，1984年中共十二届三中全会通过《关于经济体制改革的决定》，决定在城市展开经济体制改革。在分配方面，在贯彻按劳分配的原则的基础上，第一，使企业职工的工资和奖金同企业经济效益的提高更好挂起钩来。这一点已经突破了统一的等级工资制的限制，将个人劳动与企业效益挂钩。第二，"在企业内部，要扩大工资差距，拉开档次，以充分体现奖勤罚懒、奖优罚劣，充分体现多劳多得、少劳少得，充分体现脑力劳动和体力劳动、复杂劳动与简单劳动、熟练劳动和非熟练劳动、繁重劳动和非繁重劳动之间的差别"。③第三，允许和鼓励一部分地区、一部分企业和一部分人依靠勤奋劳动先富起来。这些改革措施的提出，在分配制度上，仍然坚持了按劳分配，但在具体的分配形式上，突破了等级工资制。在等级工资制下，工人的工资与预先设定的等级挂钩，而不是与劳动成果挂

---

① 《邓小平文选》第二卷，人民出版社1994年版，第152页。
② 同上。
③ 《中共中央关于经济体制改革的决定》，1984年。

钩，对工人的激励方向是"提等级"。逐步扩大地区之间、企业之间以及企业内部不同的个人之间的收入差距，将个人收入与劳动成果挂钩，从而充分发挥按劳分配的激励作用，这是这一阶段分配制度改革的特征。

二 按劳分配为主体、多种分配方式并存

改革开放一开始实际上即面临对中国所处的历史阶段的判断以及中国社会主义建设的目标模式问题。中国共产党十二大确定的经济体制是有计划的商品经济，其中的分配制度是按劳分配，在具体的分配方式上，在农村是家庭联产承包责任制，在城市则逐步打破等级工资制，将分配与劳动成果、企业效益等挂钩。从十二大到十三大，逐步确定中国处于社会主义初级阶段，并提出中国特色社会主义的理论。

在分配方式上，除了按劳分配，提出承认多种分配方式并存。承认多种分配方式并存，其前提是在以公有制为主体的情况下，还存在多种所有制形式以及私营经济，而存在多种所有制形式是由社会主义初级阶段的生产力发展水平决定的。多种所有制形式并存，必然在分配方式上衍生多种分配方式，例如"企业发行债券筹集资金，就会出现凭债权取得利息；随着股份经济的产生，就会出现股份分红；企业经营者的收入中，包含部分风险补偿；私营企业雇用一定数量劳动力，会给企业主带来部分非劳动收入"，对于这些不是按劳分配的收入，党的十三大报告提出"只要是合法的，就应当允许"，"我们的分配政策，既要有利于善于经营的企业和诚实劳动的个人先富起来，合理拉开收入差距，又要防止贫富悬殊，坚持共同富裕的方向"，"对过高的个人收入，要采取有效措施进行调节；对以非法手段牟取暴利

的，要依法严厉制裁"。① 这就是承认了中国的基本分配制度是以按劳分配为主体、多种分配方式并存。

党的十四大和十四届三中全会确立了中国经济体制改革的目标是建立社会主义市场经济体制，使市场成为资源配置的基础。在社会主义市场经济条件下，收入分配的基本原则是"坚持按劳分配为主体、多种分配方式并存的制度，体现效率优先、兼顾公平的原则"②，在"鼓励一部分地区、一部分人先富起来"的同时，要求实现"共同富裕"。

在收入分配问题上，这一阶段的另一个重要问题是工资增长过快、"工资侵蚀利润"，从而导致通货膨胀的问题。由于当时仍然实行以计划经济为主的体制，国营企业中实际存在的预算软约束，以及宏观计划制定中的不确定因素，出现了一些企业工资、奖金发得过多、工资总额增长过快的现象，并导致宏观上的通货膨胀。③ 这实际反映了在计划经济条件下，实行按劳分配存在的内在矛盾：按劳分配要求将工资与劳动成果挂钩，但在计划经济条件下存在的预算软约束，使得工资与利润挂钩直接冲击国家对工资的宏观控制。④ 针对这种情况，十三大提出"要坚决防止消费膨胀，保证社会消费基金的增长率不超过可分配的国民收入的增长率，职工平均工资奖金的增长率不超过劳动生产率的增长率"。⑤ 对于工资总额过快增长背后的预算软约束，

---

① 《中国共产党第十三次代表大会的报告》，1987年。
② 《中共中央关于建立社会主义市场经济体制的决定》，1993年。
③ 刘国光等：《经济体制改革与宏观经济管理——"宏观经济管理国际讨论会"评述》，《经济研究》1985年第12期。
④ 戴园晨、黎汉明：《工资侵蚀利润——中国经济体制改革中的潜在危险》，《经济研究》1988年第6期。
⑤ 《中国共产党第十三次代表大会的报告》，1987年。

十三大也提出"通过深化改革形成企业自我约束的机制"。① 十四届三中全会也提出"国有企业在职工工资总额增长率低于企业经济效益增长率，职工平均工资增长率低于本企业劳动生产率增长"。② 国有企业工资过快增长、工资总额过高这一问题，在当前也是影响中国收入分配不公平的一个重要问题。

这一时期在收入分配领域的另一个突破是开始明确提出建立与社会主义市场经济体制相适应的社会保障体系，加大二次分配力度。在计划经济体制下，企业职工附属于企业，企业办社会的情况严重，劳动保险演变为企业福利。建立社会主义市场经济体制，企业之间由于负担的企业职工福利苦乐不均，影响市场竞争。同时，从职工个人的收入分配来看，一些企业由于老职工过多而导致负担过重，影响企业效益，也影响当期职工的收入，这也是不公平的。因此，十四届三中全会提出"建立多层次的社会保障体系"，"社会保障体系包括社会保险、社会救济、社会福利、优抚安置和社会互助、个人储蓄积累保障"③。

三 按劳分配与按要素分配

改革开放以来在基本分配理论和制度的探索中，承认按要素分配是一个重大的理论创新和飞跃。十四大之前，虽然承认了多种分配要素并存，但并未明确提出按要素分配。这主要是因为在理论上困扰于马克思主义经典作家对资本主义制度下按要素分配的批判。根据马克

---

① 《中国共产党第十三次代表大会的报告》，1987年。
② 《中共中央关于建立社会主义市场经济体制的决定》，1993年。
③ 同上。

第一章 马克思主义政治经济学关于分配的理论与制度演进

思主义经典作家的论述,在资本主义制度下,资本、土地和劳动各自通过利润、地租和工资实现分配,这一分配公式的本质是资本对劳动的剥削。但是,需要明确的是马克思主义经典作家所面对的理想中的社会主义是在生产力高度发达的基础上,全社会已经实现了生产资料共同占有基础上的社会主义。在这样的社会主义制度下,商品货币关系都已消失,能够作为分配尺度的只有个人的劳动。

但是,中国建设社会主义是在生产力不发达的基础上进行的,社会主义初级阶段的基本国情决定了需要在公有制为主体的基础上发展多种所有制经济,激励最大多数人民群众的积极性。所有制结构的多样性、产权结构的多样性决定了分配方式的多样性,也决定了按要素分配的必要性。[1] 按要素分配在党的十五大报告和十六大报告中都得到了承认和明确:"把按劳分配和按生产要素分配结合起来,坚持效率优先、兼顾公平,有利于优化资源配置,促进经济发展,保持社会稳定",[2] "确立劳动、资本、技术和管理等生产要素按贡献参与分配的原则,完善按劳分配为主体、多种分配方式并存的分配制度"。[3]

按劳分配为主体,多种分配方式并存,按劳分配与按要素分配相结合,是这一阶段分配制度的主要特征。按劳分配与按要素分配相结合,其依据是多种所有制、多种产权结构并存,目的在于激励广大人民群众的积极性,为社会主义现代化建设做出贡献。但是,不可否认,按劳分配与按要素分配都可能带来收入差距的扩大,甚至一部分群众还由于各种原因陷入贫困。因此,这一阶段的基本分配制度还确

---

[1] 卫兴华:《关于按劳分配与按要素分配相结合的理论问题》,《特区理论与实践》1999 年第 3 期。
[2] 《中国共产党第十五次代表大会的报告》,1997 年。
[3] 《中国共产党第十六次代表大会的报告》,2002 年。

定了"保护合法收入、打击违法收入、限制过高收入"的方针。同时更加注重"建立健全同经济发展水平相适应的社会保障体系"。①

四 科学发展观与共享经济理念

改革开放以来,中国在收入分配制度上的主要理论线索是反对平均主义、重新确立按劳分配的主体地位,发挥按劳分配的物质激励作用,同时承认按要素分配。这些理论和制度探索,主要的目标还是调动广大人民群众的积极性,加快发展生产力,实现经济快速增长。但是,不可否认这种以"效率优先"为首的分配思路,带来了收入差距的逐步扩大。以基尼系数衡量的居民收入分配差距从20世纪80年代的0.2左右上升到2008年的0.491。② 收入差距过大带来的负面影响开始显现。在这种情况下适时调整分配政策,在保持经济效率的基础上,更加重视公平,成为十六大以来中国收入分配政策的重点。从基本分配理论上看,这一阶段主要是提出了科学发展观,提出发展成果为人民共享;十八大后,这一理念又发展成为共享经济的新理念。

不论是科学发展观还是共享经济,其理论上的基础仍然是邓小平提出的关于社会主义共同富裕的理论。邓小平多次阐述了先富带后富、最终实现共同富裕的思想,共同富裕是社会主义的本质特征之一:"社会主义的本质,是解放生产力,发展生产力,消灭剥削,消

---

① 《中国共产党第十六次代表大会的报告》,2002年。
② 《国家统计局首次公布2003至2012年中国基尼系数》,人民网2013年1月18日,http://politics.people.com.cn/n/2013/0118/c1001-20253603.html,2016年6月20日下载。

除两极分化，最终达到共同富裕。"① 党的十七大提出科学发展观，要求发展成果为人民共享，丰富了共同富裕的内涵。在十七大报告中，收入分配制度的改革与增加城乡居民收入放在一起，提出合理的收入分配制度是社会公平的重要体现。在具体的分配政策上，提出"初次分配和再分配都要处理好效率和公平的关系，再分配更加注重公平"。② 十八大报告再次坚持了这一原则。党的十八届五中全会提出的共享经济理念对社会主义基本分配理论和制度进行了新的创新和发展，将共享经济纳入全面建成小康社会的总体目标中。这是构建中国特色社会主义政治经济学的新探索。本书后面的章节将对科学发展观与共享经济的新理念下的收入分配新探索进行详细分析。

---

① 《邓小平文选》第三卷，人民出版社1993年版，第373页。
② 《中国共产党第十七次全国代表大会的报告》，2007年。

第 二 章

西方经济学关于收入分配的理论综述

本章对西方经济学中不同学派关于收入分配和分配制度的理论进行梳理综述。按照传统结合时间特点将西方经济学分为古典学派、新古典学派、第二次世界大战后各学派。经济学发展具有明显的阶段性特征以及资源禀赋的制约，我们尝试从经济发展阶段的视角对不同时期不同学派关于收入分配的理论进行综述。

◇ 第一节 古典经济学的收入分配思想

古典经济学学派的代表人物主要包括威廉·配第、亚当·斯密、大卫·李嘉图。从他们的生平来看，威廉·配第（1623—1687 年）生活在 17 世纪中叶的英国，医学博士。亚当·斯密（1723—1790 年）生活在 18 世纪中叶的英国，其代表作《国富论》的出版标志着古典经济学的建立，经济学成为一门独立的科学。大卫·李嘉图（1772—1823 年）生活在 18 世纪末 19 世纪初的英国，被视为古典经济学的完成者。古典经济学三位代表人物生活时期的英国先后经历了资产阶级革命和工业革命。17 世纪，英国的工场手工业已经相当普遍，以雇佣大量劳动力专门从事手工业生产是当时英国工业生产的主要形式。资产阶级革命胜利之后,到工业革命之前,工场手工业得到了充分发展,斯密正是生活在这个时期,这也成为《国富论》的写作背景。18世纪中后期先进的技术逐渐出现,珍妮纺纱机和蒸汽机的问世,推动了工业革命,从而使工场手工业逐渐向机器大工业转变,李嘉图生活在这个时代,经历着经济发展结构的转变。三位代表人物进行经济研究的目的在于揭示国民财富增长的来源,其经济理论也必然与当时英国的生产条件相适应。英国是第一个资本主义国家,工业革命的始发地,如何积累国民财富并没有可借鉴的经验,大多是基于对当时英国以及其他国家的比较而进行研究。配第通过不同国家多方面的比较得出"对英国国王的臣民来说,掌握整个商业界的世界贸易,不但不是不可能的,而且是完全可以做到的事情"[①] 的结论。因此,我们首先简要梳理英国当时的经济背景,然后分别对三位代表人物的分配理论进行阐述。

一 17—18世纪英国的经济结构

18世纪末被视为英国现代经济的发端,西蒙·库兹涅茨将其界定在1765—1785年。根据表2—1可知,在此之前长达70年的时间里,英国总产值和人均产值的增长速度都比较慢,按此速度,人均产值在一个世纪的时间里也难以实现翻倍。此后,英国经济出现了较快的增长,1765/1785年至1785/1805年比之前的增长速度大幅提高,百年人均产值翻番则有可能实现,19世纪之后增长速度则进一步提高。

[①] 威廉·配第:《政治算术》,商务印书馆1978年版,第87页。

英国在进入现代经济的前夕，其人均国民生产总值为227美元（按1965年计算）[①]。按照当前联合国对国家发展水平的界定，当时的英国是一个低收入国家。古典经济学派三位代表人物的研究关注点都在如何增加国民财富也就不足为奇了。

表2—1　英国17—18世纪的总产值和人均产值增长率

	持续期间（年）	每10年增长率（%）总产值	每10年增长率（%）人均产值	100年的倍增系数 总产值	100年的倍增系数 人均产值
英格兰和威尔士，总产值指数1800年价格					
1695/1715年至1765/1785年	70	5.0	1.9	1.6	1.2
1765/1785年至1785/1805年	20	16.1	6.2	4.4	1.8
大不列颠，国民总收入，1865年和1885年价格					
1801/1811年至1851/1871年	55	28.4	12.7	12.2	3.3
大不列颠，国民总收入，1913—1914年价格					
1855/1864年至1920/1924年	62.5	23.0	11.1	7.9	2.9

数据来源：西蒙·库兹涅茨：《各国的经济增长》，商务印书馆1999年版，第13页。

在封建制度占统治地位时，英国国民经济中农业是主要部门。随着庄园制度的逐步瓦解，从事农业的人口也不断下降。1700年，农村中从事农业的人口占66%，从事非农业的占34%；总人口中，城市人口只占17%，农村人口占83%，农村中非农业人口占总人口的比例为28%[②]。假设人口分布与产业分布一致，城市人口和农村中非

[①] 西蒙·库兹涅茨：《各国的经济增长》，商务印书馆1999年版，第31页。
[②] 高德步：《工业化与城市化的协调发展——英国经济史实例考察》，《社会科学战线》1994年第4期。

农业人口之和占总人口的比例为45%，主要从事工业；其余的55%的农村人口从事农业，此时工业与农业处于大致相当的地位。1801年，城市人口占比上升到27.5%，农村中非农业人口上升到36.25%[1]，两者之和达到63.75%，农村中农业人口为36.25%。与之前的比较可以发现，从事农业的人口不断减少，从事工业的人口不断上升。这也意味着这期间工业经历了巨大的发展。

从经济增长所需的要素构成来看，土地、劳动和资本无疑是重要的增长来源。配第在《赋税论》中指出，土地是财富之母，劳动是财富之父。从这也可以看出，生产要素对于国民发展的重要性。

圈地运动为英国工场手工业的发展提供了大量劳动力。圈地运动使大量小农失去土地，从农业中流出进入工业。圈地起初的原因在于英国纺织业的快速发展，使羊毛价格上涨，通过圈地使耕地变为牧场。另外，小块的耕地也被集中起来实现集中耕种，提高农业生产率的同时也产生了剩余劳动力，使一部分农民失业。虽然没有具体的数据能够反映圈地运动导致的失地农民的数量，但是从已有文献中可以推断其数量巨大。"有不少新近圈成的大领地，现在为四五位富有的畜主所占夺，从前它们却是处在二三十个租地农民，和同样二三十个比较小的土地私有者和居民手中，再加上许多别的本来靠他们谋生和维持的家庭，都从他们原来占有的土地上被赶出来了。"[2] 1698年，苏格兰议会中提到，苏格兰乞丐的人数估计不下20万。[3] 斯密在论劳动工资时指出："劳动者的普通工资，到处都取决于劳资双方所订的

---

[1] 高德步：《工业化与城市化的协调发展——英国经济史实例考察》，《社会科学战线》1994年第4期。
[2] 马克思：《资本论》第一卷，人民出版社1953年版，第801页。
[3] 同上书，第797页。

契约。……要预知劳资两方谁占有利地位，……绝非难事。雇主的人数较少，团结较易。……况且，在争议当中，雇主总比劳动者较能持久。"① 综合圈地的实例、乞丐的数量和劳资地位可以从侧面反映出当时英国拥有大量的廉价劳动力。这是当时英国经济发展的一个重要有利因素。配第、斯密和李嘉图的价值理论都强调了劳动对于创造财富的重要性。

二 配第的分配理论

配第生活的时期距离封建社会比较近，尽管当时已经有了一些规模较大的工场手工业，但是农业依然占有主要地位。配第的分配理论主要讨论了工资和地租的分配，利润并没有被单独列出来。"把地租看成是一般价值剩余的正常形式，……利润还模糊地和工资混在一起。"② 鉴于此，以下我们分别对其工资和地租理论进行梳理。

第一，工资的决定因素。配第认为，工资是由"为了生存、劳动和传宗接代而吃的东西"③ 决定的。由此可见，工资是由劳动者日常所需的生活消费支出决定的，但是消费只限定在"吃的东西"，也就是食品消费，其他的消费并没有被提及，仅能够满足生存、劳动和传宗接代。当收入的大部分甚至是全部被用于食品消费时，说明这个收入是极低的收入。配第的论述也证明了这一点。他认为："法律应该使劳动者只能得到适当的生活资料。因为如果你使劳动者有双倍的工资，那么劳动者实际所做的工作，就只等于他实际所能做和在工资不

---

① 亚当·斯密：《国富论》上卷，商务印书馆2009年版，第61页。
② 《马克思恩格斯全集》第二十五卷，人民出版社1974年版，第883页。
③ 威廉·配第：《爱尔兰的政治解剖》，商务印书馆1964年版，第57页。

加倍时所做的一半。这对社会说来，就损失了同等数量的劳动所创造的产品。"① 也就是说，为了扩大产出，支付给劳动者的工资仅能够满足他们的必需支出。这种工资决定方式与英国当时拥有大量廉价劳动力有密切联系。配第提出要通过法律规定工资水平。斯密在《国富论》中提到，劳动者之间的结合被法律禁止，取缔为提高劳动价格而结合的团体。然而，斯密也同时提出，当劳动者不够时，自会导致雇主间的竞争，出高价雇佣劳动者。② 可见，劳动力市场中的供需结构是工资的重要影响因素。除了劳动力市场的特征外，英国当时的发展阶段也影响着工资的决定。尽管英国当时的经济水平比较高，但也仅是低收入水平国家，经济发展的第一要义是增进国民财富。当支付给劳动者较高工资时，劳动者将会减少劳动，从而使产出减少，不利于国民财富的增长。

第二，地租的来源。地租是农产品的价值扣除了工资和种子等其他费用之后的剩余。圈地运动使土地集中在少数富有者手中，耕种土地向土地所有者支付租金成为一种普遍现象，或者是土地所有者雇佣劳动从事耕作而获得收入，来自土地。"土地为财富之母"③ 由此而来，不同土地所获得地租上的差异来自土地本身的差异。一是土地地理位置不同导致地租不同，二是土地肥力上的差异导致地租不同。马克思认为，配第比斯密更好地阐述了级差地租的来源。④

---

① 威廉·配第：《赋税论献给英明人士货币略论》，商务印书馆1978年版，第85页。
② 亚当·斯密：《国富论》上卷，商务印书馆2009年版，第63页。
③ 威廉·配第：《赋税论献给英明人士货币略论》，商务印书馆1978年版，第66页。
④ 《马克思恩格斯全集》第二十六卷第一册，人民出版社1972年版，第384—385页。

三　斯密的分配理论

斯密的分配理论来自对商品价格组成部分的论述。在讨论完商品的自然价格与市场价格之后，分别对商品价格的组成部分工资、利润和地租的来源及决定进行了讨论。

首先是工资理论。斯密开宗明义说明了工资的来源，"劳动生产物构成劳动的自然报酬或自然工资"。然而，在土地成为私有、实现资本积累的情况下，劳动者的工资则仅为劳动生产物的一部分。一是扣除地租。"土地一旦成为私有财产，地主就要求劳动者从土地生产出来或采集到的几乎所有物品中分给他一定份额。因此，地主的地租，便成为要从用在土地上的劳动的生产物中扣除的第一个项目。"二是扣除利润。"在一切工业或制造业中，大部分劳动者在作业完成以前都需要雇主给他们垫付原材料、工资与生活费。雇主分享他们的劳动生产物，换言之，分享劳动对原材料所增加的价值，而这一分享的份额便是他的利润。"①

斯密从最低工资和劳动力市场的供需关系讨论了劳动者工资的决定因素。从生活费用的角度定义了最低工资。"需要靠劳动过活的人，其工资至少须足够维持其生活。……为赡养家属，即使最低级普通劳动者夫妇二人劳动所得，也必须能稍稍超过维持他俩自身生活所需要的费用。"②斯密把这个工资定位为"符合一般人道标准的最低工资"。然而，当时英国劳动者的工资超过了这个维持劳动者一家生活所需的数额。斯密从生活中劳动者工资与生活费用和食品价格变动的

---

① 亚当·斯密：《国富论》上卷，商务印书馆2009年版，第60页。
② 同上书，第62—63页。

不一致，说明了英国各地劳动工资，不是以符合人道标准的最低工资为标准的。由于谷物等很多东西的价格大大跌落，"连贫穷劳动者现在也对从前的衣食住条件感到不满足，……使我们确信，劳动的货币价格与其真实价格增大了。"①

劳动者工资在满足一般人道标准的最低工资上是否能够提高，则与经济发展有密切联系。斯密提出，对劳动者的需求是一种引致需求，"对工资劳动者的需求，自随国民财富的增加而增加"。对劳动者需求的增加将会带来工资的上涨。"如果每年提供的就业机会都比前一年多，……劳动者不够，雇主们竞相出高价雇佣劳动者。"另外，"使劳动工资增高的，不是庞大的现有国民财富，而是不断增加的国民财富。"② 这说明，当经济快速发展，能够创造更多就业时，对劳动者的需求也必然增加，当劳动者供给出现不足时，提高劳动者工资成为必然。

各种佣人、劳动者和职工被斯密称为"下层阶级"，他们占最大的部分。从该群体婴幼儿的高死亡率可以看出他们生活质量之差，生活资料依然限制着他们的繁衍和健康状况③。这说明，虽然斯密看到了劳动力供需关系对劳动者工资的影响，但是在当时的英国拥有大量因圈地运动带来的劳动力，即使英国当时的工资高于最低工资，也难以大幅提高。这是因为充足的劳动报酬改善了儿童的给养的条件，不久将会带来劳动供给增加，这将使劳动报酬下降。在如此反复中，劳动供给将会维持在一定水平，进而使劳动保持也维持在一定水平，而这是一个较低的工资水平。

---

① 亚当·斯密：《国富论》上卷，商务印书馆 2009 年版，第 72 页。
② 同上书，第 63—64 页。
③ 同上书，第 72—74 页。

其次是关于利润的理论。在说明工资来源的同时,斯密也说明了利润的来源,如前文所述,雇主分享了劳动者生产的增加值的一部分,分享的份额就是雇主的利润。由此可见,利润来自产品的增加值,而这部分增加值来自劳动者的生产。尽管如此,利润的获得却事出有因,斯密认为对于雇主来说,利润是用来"报偿他垫付原材料和工资的那全部资本。假若劳动生产物的售卖所得,不能多于他所垫付的资本,他便不会有雇佣工人的兴趣"①。能够获得利润是投资的前提,而且利润的高低影响着投资的多少。"利润与工资截然不同,它们受着两个完全不同的原则的支配,……利润完全受所投资本的价值的支配,利润的多少与资本的大小恰成比例。"②

由于资本具有较强的流动性,利润率将逐渐趋向平均利润率,并且利润率呈现出下降趋势。投资的唯一目的就是要获得利润,利润越高投资越高。"私人利润的打算,是决定资本用途的唯一动机。……要看什么用途的利润大"③。新领土的获得或者是新行业的开展,可能使资本无法应付全部的业务,"只把它投在能够提供最大利润的那些行业上。以前投在其他行业上的资本,必有一部分撤回来,转入更有利的新行业"④。资本的这种流动使各行业之间的利润保持在一定水平,趋近于平均利润。但是斯密也强调了利润变化之快,难以捕捉。利润率下降被斯密视为一种必然,"是商业繁荣的自然结果,或是所投资本比以前更多的自然结果"⑤。斯密把资本利润率下降的原

---

① 亚当·斯密:《国富论》上卷,商务印书馆 2009 年版,第 42 页。
② 同上。
③ 同上书,第 354 页。
④ 同上书,第 87 页。
⑤ 同上书,第 85 页。

因归结为"所使用的资本的庞大和富裕的竞争者人数的众多",与此同时,"拥有大量生产资本的人,往往不能按他们所需要的人数雇到劳动者,……这样就抬高劳动工资而减低资本利润"。①

最后是地租理论。同资本的来源一样,地租也来自劳动者生产物的增加值,是其中的一部分。其来源是土地的私有化,成为私有财产。为了能够使用土地,则需要给土地所有者地主提供租金,地租作为使用土地的代价。"在决定租约条件时,地主都设法使租地人所得的土地生产物份额,仅足补偿用以提供种子、支付工资、购置和维持耕畜与其他农具的农业资本,并提供当地农业资本的普通利润。"由此看来,"作为使用土地的代价的地租,是一种垄断价格"。② 据此可知,斯密从三个方面论述了地租的来源,一是劳动生产物增加值的扣除,二是作为使用土地的代价,三是土地私有带来的垄断价格,从现象到原因进而到本质对其来源进行了论述。

四 李嘉图的分配理论

李嘉图的分配理论延续了斯密的分配理论,依然从工资、利润和地租来讨论分配问题,但是又有一定的发展和侧重。

首先是工资理论。李嘉图在工资来源和工资自然价格两个方面与斯密的观点基本一致,同样认为工资是劳动生产物的一部分,同时劳动也是一种商品。劳动"像其他一切可以买卖并且可以在数量上增加或减少的物品一样,具有自然价格和市场价格。劳动的自然价格是让

---

① 亚当·斯密:《国富论》上卷,商务印书馆2009年版,第84页。
② 同上书,第140—141页。

劳动者大体上能够生活下去并不增不减地延续其后裔所必需的价格"。① 工资的这个自然价格是由食品等必需品决定的，"劳动者维持一身维系一家，以保持族类的力量如何，非决定于他们在工资名义下获得多少货币，乃取决于此额货币能够购买多少食品必需品和习惯享乐品。因之，劳动自然价格，乃取决于劳动者维系一身维系一家所必要的食品必需品习惯享乐品的价格。食品必需品的价格提高，劳动的自然价格亦提高；食品必需品的价格低落，劳动的自然价格亦低落"。② 关于劳动自然价格的确定，李嘉图的定义与斯密的一致，也仅是能够维持劳动者及其家庭的基本需求，能够生活下去，按照更替水平延续后代，保障劳动力供给。工资价格的决定因素依然来自必需品的价格。这也再次反映出当时英国劳动者丰富的特征，他们没有议价能力，为了生存，成为工资的接受者。

在工资理论中，斯密认为工资将会随着国民收入的快速增长而增长，但是李嘉图却认为货币工资可能会增长，但是工人的实际工资则是趋于下降的。劳动的自然价格是工资的基础，劳动的市场价格则与劳动的供求有联系，随着供求的变化而出现波动。与斯密同样的是，充裕的工资将会带来人口的增加，而人口增加使劳动供给增加，进而使工资回落到自然工资的水平。李嘉图在分析工资时更看重实际工资，在分析工资的长期趋势时，李嘉图认为"社会进步，由供求比例支配的工资，常不免有低落倾向"。③

其次是利润理论。商品价值是由生产商品时所耗费的劳动决定的，并认为"各种货品的制造家，都无须牺牲一部分生产物，来支付

---

① 《李嘉图著作和通信集》第一卷，商务印书馆1981年版，第77页。
② 李嘉图：《经济学及赋税之原理》，上海三联书店2014年版，第45页。
③ 同上书，第49页。

地租。他们商品的全部价值，仅分为两个部分，一为资本利润，一为劳动工资"①。李嘉图在阐述了利润的来源之后，对利润与工资之间的关系进行了研究。主要包括三个方面：一是不论劳动生产率如何变化，从而不论产品的量和单个商品的价格跟着如何变化，大小一定的劳动日总是体现为同量的价值产物。二是工资和利润按相反的方向发生变化。核心在于劳动生产率的变化。当劳动生产率提高时，劳动工资将会下降，从而利润将会提高。三是利润的增加或减少，总是劳动力价值相应减少或相应增加的结果，而绝不是他的原因。马克思指出"李嘉图是把上述三个规律严格定式下来的第一个人"。②

李嘉图同样认为利润下降是必然趋势。"利润之自然趋势，乃是下降。社会进步，财富增进，获取必要追加食物量，须追加劳动。"在上述三大规律的作用下，工资增加必然导致利润下降。李嘉图同时指出，新的改良与发现将会抵消利润的下降。"幸而，生产必需品的机械，常有改良，农业科学，常有发现，利润这种趋势，方才屡次遏住；这种改良与发现，使我们能够缩减一部分必要劳动，减低劳动者必需品价格。"③ 由此可见，受到工业革命的影响，李嘉图已经发现机械进步对于经济发展的作用，技术进步提高了劳动生产率，降低了必需品的价格，使实际工资降低，进而保持甚至扩大了利润，有助于国民财富的增加。

最后是地租理论。在李嘉图看来，地租理论要比工资和利润理论更重要，在其代表《政治经济学及赋税原理》中，地租论在工资论和价值论之前。他认为，如果不先阐述地租论，"就不能理解财富增进

---

① 李嘉图：《经济学及赋税之原理》，上海三联书店2014年版，第56页。
② 马克思：《资本论》第1卷，人民出版社1953年版，第566页。
③ 李嘉图：《经济学及赋税之原理》，上海三联书店2014年版，第64页。

对利润与工资的影响,也不能令人满意地探索赋税对社会不同阶级的影响;当课税商品是直接从地面上取得的产品时,情形尤其如此"。① 李嘉图并不认为地租是商品价值的来源,相反,在他看来,地租的存在不是农产品价格相对上涨的原因,而是农产品价格相对上涨的结果。"原生产物比较价值腾贵的原因,只是最终部分的生产,须投下追加量的劳动,不是支付地租。支配谷物价值的,是投资不纳租土地上生产谷物所必要的劳动量,或者说是凭借不纳租资本部分生产谷物所必要的劳动量。谷物腾贵的原因,不是支付地租;反之,支付地租的原因,是谷物腾贵。地主放弃全盘地租,谷物价格亦不会低落下来"。② 这反映出地租是由土地差异所导致的,随着对农产品需求的增加,较差的土地不断被开垦,在最差的土地上进行农产品生产,将花费更多的劳动。农产品的价值也是由最差土地上农产品的价值决定的,由此,比较好的土地将会获得地租。

◇ 第二节 新古典学派的收入分配思想

一 马歇尔的分配理论

马歇尔被称为新古典经济学派的代表人物,1890 年出版的《经济学原理》是其代表作。马歇尔(1842—1924 年)生活在 19 世纪后半叶至 20 世纪初的英国。在此期间经济学界爆发了边际革命,边际理论蓬勃发展,分配理论也随着边际理论的发展而得以发展。施蒂格

---

① 《李嘉图著作和通信集》第一卷,商务印书馆 1997 年版,第 3 页。
② 李嘉图:《经济学及赋税之原理》,上海三联书店 2014 年版,第 32 页。

勒认为"分配理论在1870年代还是没有的。斯密以后的大多数英国经济学家们倒是分别提出了论述地租、工资和利润的篇章，但他们几乎没有任何重要例外地只是对当代英格兰三个最重要社会阶级的收入做出了描绘。……基本缺点在于它缺乏一种生产服务的价格理论"。[1] 边际理论的研究者们虽然可以依据边际效用论来确定分配份额，但是理论开展过程并不顺畅，直到19世纪90年代终于出现了边际生产率论。马歇尔的经济学起源于李嘉图和穆勒，将新的内容纳入其中，并搭建了经济学框架，为经济学分析提供了工具，"就经济学家分析方法的逻辑而论，不管他们是研究国际贸易、失业、利润、货币或任何其他问题，他们总是基本上使用同样的图解，这种图解不随着他们手里的特定的主题而变化"。[2]

马歇尔生活的时代，英国的经济正在快速发展。西蒙·库兹涅茨把英国现代经济开始的年代定为1765—1785年，此后1801—1901年一个世纪内，英国总产值每10年增长率在30%左右（见表2—2），远高于表2—1中17—18世纪的经济增长率。然而，此时的英国并非没有贫困，马歇尔正是因为看到了这个问题才转向经济学研究。"他是被一个仁慈的动机所引起的伦理思想驱使来的。他看到了英国贫民的困苦与屈辱，想对于减轻他们的灾难这一伟大任务有所帮助。"[3] 由此可见，英国当时的贫困依然严峻，仍然有贫困，甚至普遍存在。

---

[1] 施蒂格勒：《生产和分配理论》，华夏出版社2008年版，第2页。

[2] 约瑟夫·熊彼特：《从马克思到凯恩斯十大经济学家》，商务印书馆2013年版，第114页。

[3] 同上书，第107页。

表2—2　　　英国19世纪的总产值、人口和人均产值增长率

	持续期间（年）	每10年增长率（%）总产值	人口	人均产值
1801/1811年至1831/1841年	30	32.1	15.4	14.5
1831/1841年至1861/1871年	30	23.8	12.2	10.3
1861/1871年至1891/1901年	30	38.6	12.4	23.3

数据来源：西蒙·库兹涅茨：《各国的经济增长》，商务印书馆1999年版，第47页。

正如熊彼特对马歇尔的评价所述，经济学分析的逻辑都会按照马歇尔提出的一系列的图解和工具而定。分配理论亦不例外，各要素的分配也在这个逻辑之下。

对于如何对各要素进行分配，马歇尔认为"劳动、资本和土地对国民收益的分配，是和人们对它们所提供的各种服务的需要成比例的。但这种需要不是总需要，而是边际需要。所谓边际需要，是在一点上的需要，在该点，不论人们略多购买某种要素的服务（或服务成果），或用他们的额外资金购买其他要素的服务（或服务成果），对他们都毫无区别"。[①] 这说明，要素能够获得的收入份额取决于对该要素生产产品或服务的边际需求，劳动、资本和土地都是由此来决定的。

依据要素之间的替代关系以及边际生产力理论，确定了厂商对要素的需求曲线。生产要素的成本取决于供给价格。需求与供给共同决定了要素的均衡价格。这个决定过程完全在马歇尔的均衡价格理论的框架之下。从要素价格的决定过程来看，马歇尔关于国民收入分配的

[①] 马歇尔：《经济学原理》下卷，商务印书馆1965年版，第208页。

方式是按照要素分配。

工资理论。工资作为劳动的报偿，也是通过供求之间的均衡来决定其价格的。"需求和供给对工资起着同样的影响，其中是不容有轩轾的，如同剪刀之两边，拱门之两柱一样。工资有等于劳动纯产品的趋势，劳动边际生产力决定劳动的需求价格，从另方面来看，工资有同培养、训练和保持有效率的劳动的精力所用的成本保持密切关系（虽然是间接而复杂的）的趋势。"① 虽然马歇尔的工资理论不再像古典学派，把工资确定在维持必需品需求的基础上，即使有供求关系的影响，也仅是围绕这个既定的工资水平上下波动；然而，马歇尔关于工资决定的来源依然与古典学派的相似，只是增加了必需品的内容，使必需品更加丰富，以要素供给成本的方式反映在劳动者供给曲线上。

必需品的范围如何确定，与经济发展水平有密切联系。对于不发达国家的劳动者而言，"因为世界上大多数国家的劳动阶级所能消费的，奢侈品最少，甚至习惯上的必需品也不多。他们报酬的增加引起人数的大量增加，从而使他们的报酬又迅速降低至仅能维持生活所需要的费用的原有水平线上。在世界上大多数的地方，工资几乎是按所谓铁律或铜律来规定的，这个规律把工资固定在培养和维持一个效率很差的劳动阶级的费用上"。② 由此可见，这种情况意味着，劳动供给是完全弹性的，劳动者是无限供给的，不具有稀缺性。通过繁衍把劳动者人数确定在某个范围之内，使劳动者数量总是处于无限供给的状态。对于发达国家的劳动者而言，除了上述提到的几乎没有奢侈品需求的一篮子必需品之外，他们还需要维持或提高效率的必需品。这

---

① 马歇尔：《经济学原理》下卷，商务印书馆1965年版，第204—205页。
② 同上书，第203页。

部分必需品提高了发达国家劳动者的工资。

二 凯恩斯的分配理论

约翰·梅纳德·凯恩斯（1883—1946年）生于英国伦敦，1936年发表了其代表作《就业、利息和货币通论》（以下简称《通论》），由此建立了现代宏观经济学理论体系。这并不是说在凯恩斯之前没有宏观经济学。在凯恩斯之前，微观经济的加总即为宏观经济，在市场调节的作用下，个体的最优选择，必然带来社会的最优选择，两者之间是一致的，并没有脱节。然而，在凯恩斯生活的时代，英国的经济出现了衰退。英国在维多利亚时代（1837—1901年）取得了巨大成就，此后则逐渐走向衰退，第一次世界大战的爆发，使其雪上加霜。表2—3中每10年增长率的变化清晰地反映了这一现实。虽然单个厂商依然是在市场最优化的前提下进行生产和投资，但是国民财富的增长速度大幅下降，经济危机与失业问题突出。在此背景下，凯恩斯在《通论》中将个体最优与社会最优之间的一致性打破，提出个人的最优并不一定意味着社会的最优。凯恩斯《通论》最具革命性的方面是，他清楚而坚定地指出，就产出和就业的水平而言，我们在实践中看不到"无形之手"会自发地将自利行为引向社会最优状态。[1]凯恩斯集中于对宏观变量进行分析，研究社会的总产出（收入），如何使总产出增长成为《通论》研究的重点，并对其进行展开。收入分配的状况也成为影响总产出的一部分内容，并对不公平的财富分配将会怎样影响总产出增长进行了讨论。

---

[1] 杨春学：《20世纪经济学的重大发展》，《经济学动态》1999年第10期。

表 2—3　第一次世界大战前后英国的总产值、人口和人均产值增长率

	持续期间（年）	每 10 年增长率（%）		
		总产值	人口	人均产值
1855/1864 年至 1885/1894 年	30	35.4	12.5	20.4
1885/1894 年至 1905/1914 年	20	23.8	11.1	13.4
1885/1894 年至 1925/1929 年（不包括爱尔兰）	37.5	14.0	8.4	5.2

数据来源：西蒙·库兹涅茨：《各国的经济增长》，商务印书馆 1999 年版，第 47 页。

在古典学派看来，储蓄是有益的可以带来投资，从而意味着国民财富增长，消费则会带来更多的消耗，损失财富。尽管西斯蒙第指出"消费上的平等结果总是扩大生产者的市场；不平等，总是缩小市场"，[①] 消费也对总产出有影响，但是这并没有成为当时的主流观点。凯恩斯从总供给与总需求之间的关系入手，讨论了影响总需求的因素，从而将消费纳入宏观经济理论之中，成为影响总产出的重要因素。

有效需求理论是凯恩斯对收入和就业分析的基础理论。凯恩斯认为有效需求是总需求曲线和总供给曲线的交点，供给价格与需求价格相等。从需求来看，有效需求是指具有支付能力的需求；从供给来看，有效需求能够使企业实现利润最大化。在总供给函数给定的情况下，短期内往往是这种情况，总产出和就业决定于总需求。在凯恩斯看来，总需求包括两个方面，一是投资，二是消费。这与正统古典学派的观点截然不同，消费成为影响产出和就业的重要因素。消费取决

---

① 西斯蒙第：《政治经济学新原理》，商务印书馆 2009 年版，第 211 页。

于收入和消费倾向。凯恩斯从客观和主观两个角度分析了影响消费倾向的因素,"主观因素……包括那些人类本性的心理特点以及那些社会成规和制度。这些因素虽然并不是不能改变的,但是在短时间内,……很难有较大变化。……一般说来,把主观因素当作既定不变的,并假设:消费倾向仅取决于客观因素的改变"。① 在客观因素中财政政策的改变是重要的一项,"如果财政政策有意地被作为取得比较平均的收入分配的手段,那末,它对增加消费倾向的影响当然还要更大"。② 由此可见,收入分配是影响消费进而影响总产出的重要因素之一,而且是可以改变并能取得良好效果的。凯恩斯在《通论》中指出了收入分配不均将会降低消费倾向。同时他认为,"我们生活于其中的经济社会的显著弊端是:第一,它不能提供充分就业以及第二,它以无原则的和不公正的方式来对财富和收入加以分配。本书的理论对第一个弊端的作用是显而易见的。但是,它在两个重要的方面也与第二个弊端有关"。③ 罗宾逊夫人对收入分配影响产出和充分就业的内容进行了进一步的阐述。她认为"凯恩斯理论的要旨可以说是这样:收入的分配不均形成了商品需求落后于工业生产能量的长期趋势"。④

凯恩斯着重指出了,不公平的收入分配将会给总产出即国民收入的增长带来不利影响,但是对于如何实现公平的收入分配并没有进行更为详细的阐述。正如高鸿业在译者导读部分说明的"本书的最终目的在于提出解决资本主义的危机和失业问题的对策或政策",凯恩斯

---

① 凯恩斯:《就业、利息和货币通论》,商务印书馆1999年版,第96—97页。
② 同上书,第100页。
③ 同上书,第386页。
④ 罗宾逊:《马克思、马歇尔和凯恩斯》,商务印书馆1963年版,第4页。

将解决这些问题的落脚点放在了投资上,在对消费理论分析之后,他认为消费倾向的数值难以改变,于是提出"我们已经确立之点是:就业量只能随着投资的增加而增加"。[①]

对于微观领域中的要素收入分配,凯恩斯同样认为其是由市场决定的,由边际理论决定了要素的报酬。基于微观和宏观之间的脱节,凯恩斯在价格论这一章提出"我所建议的正确的二分法应该区分两个方面:一方面是单个行业或厂商的理论以及关于既定数量的资源在不同使用上的报酬和分配;另一方面为整个社会的产量和就业量"。由此可见,虽然凯恩斯主张政府干预经济,但是政府能够干预的也很有限,要素报偿和分配以及微观个体的行为都是由市场来决定的。

◇◇第三节 第二次世界大战后西方经济学对收入分配的理论研究

一 结构主义学派的分配理论

随着第二次世界大战后大量发展中国家的独立,发展中国家与发达国家之间经济水平和经济结构的差异,推动了结构主义的蓬勃发展。结构主义在1965年被钱纳里使用后,开始广为流传。结构主义促成了发展经济学学科的建立,用以研究发展中国家的经济增长和发展的问题。刘易斯和缪尔达尔等获得诺贝尔经济学奖则进一步推动了发展经济学的发展。结构主义认为,所有国家发展的路径和特征是相

---

① 凯恩斯:《就业、利息和货币通论》,商务印书馆1999年版,第117页。

似的，发展和增长的过程是可以确定、有规律可循的，研究的核心内容是如何推动经济结构转变①。尽管新古典学派对结构主义存在诸多质疑，但是第二次世界大战后发展中国家的经济增长与发展成为这些国家的重中之重，结构主义的研究核心恰好与其契合，发展中国家在很大程度上采用了结构主义学家的政策主张，这同时确立了结构主义的主导地位。

结构主义的代表人物有赫希曼、刘易斯、缪尔达尔等，他们强调了发展与增长的不同。"自第二次世界大战结束至60年代中、后期的20余年中，发展中国家经历了前所未有的经济增长，然而，经济增长所带来的利益的分配却是不均衡的。在大多数发展中国家中，分配不平等现象趋于加深，失业问题日益严重，城乡差别不断加大，绝对贫困伴随财富增长而增长。于是，增长不等于发展的呼声逐渐高涨。"② 以下我们对其代表人物冈纳·缪尔达尔的分配思想进行梳理阐述。

首先是其分配思想来源的理论基础——"循环累积因果联系"理论。缪尔达尔在研究美国歧视问题时，提出了该理论。在《美国的困境：黑人问题和现代民主》一书中，他指出，"白人对黑人的歧视和黑人的物质文化水平低下，就是两个互为因果的因素，白人的偏见和歧视，使黑人的物质文化水平低下；而黑人的贫困和缺乏教育，又反过来增加了白人对他的歧视"。"事物之间的'循环积累因果关系'，

---

① 胡坚：《论发展经济学中的结构主义和新古典主义思潮》，《经济科学》1992年第2期。

② 萨奇：《结构主义、新古典主义与发展经济学的兴衰》，《世界经济》1988年第7期。

第二章 西方经济学关于收入分配的理论综述

不仅存在着上升的循环积累运动,也存在着下降的循环积累运动。"①"循环积累因果联系"理论意味着社会经济自发地会形成两极分化。这种分化也必然参与到循环积累之中,从而影响经济发展。缪尔达尔认为,在经济变迁的累积过程中,非经济因素是循环因果的主要工具。这也是他指责和批判新古典学派的依据,因为他们忽视了这些非经济因素。②

其次是缪尔达尔的分配理论。在"循环累积因果联系"的理论框架下,缪尔达尔提出了其分配理论。就平等与经济发展之间的关系,缪尔达尔指出"不平等及其加剧的趋势成为对发展的限制与障碍的复合体,因此,迫切需要扭转这一趋势,创造更大的平等,作为加速发展的一个条件"。③从收入平等与储蓄、低收入与劳动生产率、社会平等与经济平等以及社会公正与国家凝聚力这四组关系中阐述了"不发达国家更大的平等几乎是更快发展的一个条件"④的总的原因。在缪尔达尔看来,分配不应完全按照新古典经济学派的边际理论进行,而是应该实现平等分配,扭转向下累积的进程。他指出,向下累积进程能够被国家政策扭转,该政策要"直指更广大区域的平等:市场力量导致的回波效应已经被抵消,而那些导致扩散效应的则受到支持"。⑤

---

① 蒋自强:《经济思想通史》第4卷,浙江大学出版社2003年版,第230页。
② 汉斯·迈克尔·特劳特温:《累积进程与极化发展:缪尔达尔的贡献》,《经济思想史评论》2010年第1期。
③ 冈纳·缪尔达尔:《世界贫困的挑战——世界反贫困大纲》,北京经济学院出版社1991年版,第44页。
④ 同上书,第48页。
⑤ 汉斯·迈克尔·特劳特温:《累积进程与极化发展:缪尔达尔的贡献》,《经济思想史评论》2010年第1期。

再次是不平等的来源。一是权力。对于不发达国家的平等口号和不平等的现实进行讨论时，缪尔达尔指出，"所有不发达国家政策上的声明都赞成更大的平等。……然而，在几乎所有不发达国家中，经济不平等却似乎在扩大……对于这个矛盾的解释必须与不发达国家的权力分配联系在一起"。[①] 政治权力几乎都是由特权掌握，大众是政治的对象而不是主体。二是土地。大多数不发达国家中土地生产率、劳动生产率极低以及就业不足普遍存在，这些行为方式的决定因素，在于各种制度因素。"各种制度，特别是那些在经济和社会分层化方面，首先与土地所有权和使用权有关的制度，为这些行为方式提供了基础，这些制度在决定土地的使用上非常重要。"[②] 农业劳动者没有土地或者是只有很少一部分土地，使他们没有激励来增加劳动投入和劳动强度，"佃农制在南亚是错综复杂的限制和障碍的起因，这些限制和障碍有效阻止了任何改进技术、提高劳动力利用效率和产量的尝试"。[③] 缪尔达尔指出，"为了创造一个新的环境，在其中劳动者能够得到机会，感觉到激励，发挥自己更大的力量，必须着手解决概括提及的包括租借权改革在内的'土地改革'"。[④] 三是教育。他认为，不发达国家的"教育的垄断连同对土地所有权的垄断是不平等的最根本的基础，越是贫穷的国家根基越牢，甚至在努力普及大众教育时也是如此"。[⑤] 教育上的筛选机制普遍存在而且根深蒂固，这使得"即使学校极好，那些较穷家庭的孩子们进入学校、坚持下去、完成学业也

---

① 冈纳·缪尔达尔：《世界贫困的挑战——世界反贫困大纲》，北京经济学院出版社1991年版，第53—54页。
② 同上书，第77页。
③ 同上书，第90页。
④ 同上书，第89页。
⑤ 同上书，第173页。

还存在着严重问题"。① 缪尔达尔认为教育计划需要包括三个阶段，一是初等教育、二是中等和高等教育、三是成人教育。为了使三个阶段相互衔接，他提出了五个要求，一是在扩大教育覆盖范围时，教育质量必须得到保障；二是给予初等教育优先权；三是接收较少的人进入中等和高等教育，减少留级、辍学和不及格带来的荒废；四是在中等教育和高等教育中增加技术、职业和专业培训；五是发展成人教育，避免只具有初等教育的成人再次变成文盲。②

二　新古典学派的分配理论

虽然第二次世界大战后结构主义占据了主导地位，但是新古典学派对其批判一直没有停止。新古典主义在 20 世纪 60 年代卷土重来，再次成为主导。这种转变的主要原因在于以结构主义理论为基础的政策在实践中的效果并不理想，包括计划实施不尽如人意、工业规模扩大的同时出现了严重的城市失业、进口替代的贸易政策显露出诸多弊端③。与此相反，以自由市场机制为政策指导的东亚新兴工业国，在经济增长速度上高居榜首，而且基本消除了失业、城乡差别等问题④。在两种政策结果的比较下，新古典学派则再次占据了主导地位。这一时期新古典学派的代表人物颇多，虽然在主张上略有差异，但是

---

① 冈纳·缪尔达尔：《世界贫困的挑战——世界反贫困大纲》，北京经济学院出版社 1991 年版，第 173 页。
② 同上书，第 176—178 页。
③ 胡坚：《论发展经济学中的结构主义和新古典主义思潮》，《经济科学》1992 年第 2 期。
④ 萨奇：《结构主义、新古典主义与发展经济学的兴衰》，《世界经济》1988 年第 7 期。

基本上都主张自由贸易和自由市场。由此,他们的分配理论也是延续了前一阶段马歇尔提出的边际理论,以此为基础讨论了要素收入如何决定。我们在此不再对其进行重复,而是转向新古典学派的发展理论,说明不平等存在的合理性及其改变过程,从而为在普遍存在不平等的发展中国家推动自由市场、自由贸易政策提供理论基础。

发展与平等、生产与分配之间的矛盾是结构主义对反驳新古典学派的一个方面。缪尔达尔写道:"一个几乎对他们不言自明的先入之见是,这些极端贫困的国家尚不足以从社会公正方面思考并付出平等改革的代价。要想达到经济发展,必须牺牲掉社会公正。"[①] 而且按照缪尔达尔提出的"循环累积因果联系"理论,平等将难以实现,不平等将会越来越突出。依据结构主义的责难,新古典学派对长期经济发展过程经济增长与收入分配之间的关系进行了讨论。这其中库兹涅茨的倒 U 型曲线最为突出,阐述了不同发展阶段经济增长与收入分配的联系。

库兹涅茨在《经济增长与收入不平等》[②] 一文中,对经济增长与收入分配在不同发展阶段的关系进行了阐述。库兹涅茨使用英国、美国和德国这些发达国家的历史数据分析了其不同人均收入水平上收入不平等的变化。进而对发展中国家印度和发达国家美国的数据进行了对比。依据这些研究,库兹涅茨得出了增长与分配之间的倒 U 型曲线。收入分配的长期变化趋势是"先扩大,后缩小"。在经

[①] 冈纳·缪尔达尔:《世界贫困的挑战——世界反贫困大纲》,北京经济学院出版社 1991 年版,第 45 页。

[②] Kuznets, Simon, "Economic Growth and Income Inequality", *The American Economic Review*, 1955, 45 (1), pp. 1–28.

济发展的早期，收入分配不断扩大；在经济发展达到一定程度之后，随着经济的进一步发展，收入分配将会出现缩小。从横截面来看，发展中国家的收入分配不平等程度高于发达国家的收入分配不平等程度，这也说明了增长与收入分配之间的关系。这一观点被提出后，引来了无数学者的关注，并对其进行验证。从结果来看，支持与反对同时存在。

三 新自由主义的分配理论

古典学派和新古典学派也是倡导自由的，新自由主义同样也是倡导自由的，之所以不同于古典和新古典的原因在于，新自由主义中加入了社会学、政治学、法学、伦理学以及道德科学等多个领域。虽然融合了多个领域，但是又不同于结构主义的多目标，新自由主义依然是单一目标的，加入这些领域的最终目的仅是为了给自由竞争创造出更好的环境，充分发挥自由竞争最优化的能力。新自由主义的代表人物哈耶克和结构主义的代表人物缪尔达尔1974年同时获得了诺贝尔经济学奖。两位观点和立场完全不同的经济学家同时获得诺奖的事实，说明在第二次世界大战后不同学派之间在此消彼长中不断成长，同时也说明由于战后不同国家采用了不同的发展方式，经济发展环境更加复杂多样。

首先，哈耶克强调自由竞争市场。每一个人都是不同的，市场中每个参与者都有特殊的信息，各种信息是分散的，而且其他人不可能全部获得这些信息。这种现实使市场配置资源的效率更高。哈耶克在诺贝尔经济学奖的发言中写道："市场秩序之所以优越，这个秩序之所以照例要取代其他类型的秩序（只要不受到政府权力的压制），确实就在于它在资源配置方面,运用着许多特定事实的知识,这些知识分散地存在于无数的人们中间,而任何一个人是掌握不了的。"[1] 在崇尚自由竞争市场的同时,哈耶克从技术进步、经济效率、民主政治、法治和个人选择自由五个方面批判了结构主义。

其次,哈耶克的分配思想。在强调自由市场竞争的理论背景下,哈耶克关于收入分配的理论同样遵循边际理论,由市场自身来决定要素收入分配。对于平等与自由之间的关系,哈耶克更强调机会平等。他认为"在所有的重要方面都完全类似于一场竞赛,也就是一场部分取决于技艺、部分取决于机遇的竞赛。……我们在市场竞赛中完全有理由要求人人公平竞争,也完全有理由要求人人诚实无欺,但是,如果我们要求竞赛结果对每个参与者都保持公平,那么我们的这种要求就会变得极为荒谬"。[2] 从中可以看出,哈耶克倡导机会平等,过程公平。但是与此同时他也提出"机会平等"是有限度的。他指出,"尽管机会平等这个说法乍一听来颇具吸引力,但是一旦这个观念被扩展适用于那些出于某些其他原因而不得不由政府予以提供的便利条件的范围以外,那么机会平等的主张就会变成一种完全虚幻的理想"。[3] 这与新自由主义所强调的为自由竞争创造环境一致。尽可能给每个人以相同的机会,也是自由竞争的一部分,在机会相同的条件下通过竞争分配资源,使资源配置实现最优化。同时也尊重个人主义,给每个人选择的自由。从上述哈耶克的表述来看,天然的市场难

---

[1] 哈耶克:《知识的虚伪》,载《现代国外经济学论文集》第二辑,商务印书馆1981年版,第73页。

[2] 哈耶克:《法律、立法和自由》第2卷,中国大百科全书出版社2000年版,第128—129页。

[3] 同上书,第148页。

以创造出机会平等的环境，尽管政府也难以提供绝对的机会平等，但是政府依然能够在一定程度上推动机会平等。这也体现出新自由主义与古典学派的区别，政府需要为自由竞争创造环境，但是不能干预市场本身的自由。

第 三 章

国民收入的初次分配与宏观分配格局

随着改革开放的逐渐深入,1994年建立社会主义市场经济体制以来,中国经济经历了快速的发展,但是与此同时,收入分配也不断恶化。不断扩大的收入差距成为社会各界关注的焦点。本章首先阐述了改革低效率分配制度的必要性,并对1994年以来的收入分配制度的演进进行梳理。然后,根据基尼系数和社会结构分析了改革开放以来居民收入分配状况的总体变化趋势,并讨论了居民收入差距较大的原因。依据居民收入差距扩大的原因我们发现,收入差距扩大主要反映在城乡、地区和行业之间收入差距扩大,以及劳动报酬份额偏低两个方面。鉴于此,后两节分别对城乡、区域和行业间收入差距以及劳动报酬变化趋势进行了分析。

◇◇第一节 收入分配制度的演进

一 改革低效率分配制度的必要性

以过程公平和结果公平来划分制度的话,改革开放之前,分配制度以结果公平为中心。在优先发展重工业战略的背景下,城市和农村之间的劳动力流动被严格限制。在户籍制度、粮票制度、用工制度、保障制度等一系列制度规定下，城市内部和农村内部分别形成了结果公平的体系，同时城乡之间形成了巨大的收入差距。然而，在经济发展水平比较落后、物质基础薄弱时，以结果公平作为分配制度的中心不符合经济发展规律。正如马克思在《哥达纲领批判》中指出，在共产主义社会的第一阶段，具有平等社会地位的劳动者只能以"劳动"为同一尺度进行公平的分配，即"各尽所能，按劳分配"；只有在物质极大丰富的共产主义社会第二阶段才能实现"各尽所能，按需分配"。改革开放前以结果公平为中心的分配方式，降低了劳动者的积极性。在人民公社"出工一窝蜂，干活大呼隆"的集体劳动中，"干多干少一个样，干好干坏一个样"，于是"搭便车"成为一种普遍现象。另外，优先发展重工业的战略使农业产出收益大多转向工业，农民的生活水平比较差。十一届四中全会通过的《中共中央关于加快农业发展若干问题的决定》中指出，"1957—1978 年期间，……尽管单位面积产量和粮食总产量都有了增加，1978 年全国平均每人占有的粮食大体上还只相当于 1975 年，全国农业人口平均每人全年的收入只有七十多元，有近四分之一的生产队社员收入在五十元以下，平均每个生产大队的积累不到一万元，有的地方甚至不能维持简单再生产"。大饥荒也从侧面反映了农业的减产。1959 年和 1960 年粮食产量都比上年减产 15%，而 1961 年的粮食产量仅维持了 1960 年的水平[①]。也就是说，无论产量多少，农民能够从中获得的只有基本生活口粮，在大饥荒下甚至难以糊口，这也促使了农民的搭便车行为。

十一届三中全会将工作重心转向"经济建设"，分配制度也逐渐

---

① 林毅夫、蔡昉、李周：《中国的奇迹：发展战略与经济改革》，格致出版社 2010 年版，第 53 页。

改变。改革初期主要是对农村进行改革。针对分配上的平均主义，《中共中央关于加快农业发展若干问题的决定》提出的二十五项农业政策中特别强调了分配原则，要各尽所能、按劳分配，按照劳动的数量和质量付给报酬，建立必要的奖惩制度，坚决纠正平均主义。这种分配制度，在一定程度上体现出了劳动生产率与收入之间的关系，对提高劳动积极性和劳动生产率具有促进作用。从十一届三中全会，到邓小平1992年发表南方谈话，这14年中，中国经济经历了快速发展。沿海地区的发展成果显示出了基本路线的正确性。此后，十四大报告中总结了这14年的发展实践，并提出了20世纪90年代改革和建设的主要任务，分配制度也是改革的一个重要部分。随着经济不断发展，收入分配制度的改革也不断深入，逐渐搭建了收入分配体系。我们从不同角度，对十四大以来的收入分配制度进行梳理。

二 初次分配制度的发展

初次分配制度中的微观主体逐渐细化，注重效率优先。十四届三中全会中明确提出"个人收入分配要坚持以按劳分配为主体、多种分配方式并存的制度"。该分配制度与市场经济体制改革具有密切联系。当时市场经济体制的基本方针是"坚持以公有制为主体、多种经济成分共同发展"。既然个体经济、私营经济、外贸经济作为全民所有制和集体所有制的补充，相对应的分配制度也要求在以按劳分配为主体的情况下，具有多种分配方式。对于个体收入而言，效率优先成为重要的原则。在此原则下，要引入竞争机制，打破平均主义，多劳多得，合理拉开差距。此时，不再以结果公平作为分配的原则，而是转向过程公平，引入了激励机制，加强了收入与效率之间的联系。然而，此时对"多种分配方式"的细化十分有限，只是允许属于个人的资本等生产要素参与收益分配。

十五大报告中提出"把按劳分配和按生产要素分配结合起来，坚持效率优先、兼顾公平，有利于优化资源配置，促进社会发展"。将其他生产要素纳入收入分配的范围，在此后的十五届五中全会中进一步细化了生产要素包含的内容，除了之前的资本之外，技术也被作为一种重要的生产要素。值得注意的是，不仅允许资本和技术参与分配，而且鼓励资本和技术参与分配。在此期间，劳动密集型产业是主导产业，资本和技术属于稀缺资源，资本投资可以获得较高收益率的同时也可以促进经济增长。与此同时，发展要素市场，促进生产要素合理流动也被提上日程。

十六大报告对"按劳分配为主体，多种分配方式并存的分配制度"进行了进一步完善，提出"确立劳动、资本、技术和管理等生产要素按贡献参与分配的原则"。与十五大相比，生产要素的内容被进一步扩大，管理作为一种特殊的劳动形式被单独列出，可以参与收入分配。随着经济的不断发展，企业的发展也逐渐走向现代化，公司治理越来越重要，对管理能力的要求也越来越高。专职管理人员对企业发展的影响逐渐凸显。与此前更加不同的是，各要素"按贡献参与分配"。此处明确指出了各要素报偿之间的分配原则，要素贡献成为其获得收入的主要依据。随着改革的深入，十六大在十五大"发展要素市场"的基础上，进一步提出"在更大程度上发挥市场在资源配置中的基础性作用。……推进资本市场的改革开放和稳定发展。发展产权、土地、劳动力和技术等市场"。由此可见，市场将在资源配置中起的作用越来越大，在市场配置下，效率对要素报酬的作用也将更加重要。"初次分配注重效率"也成为十六大在收入分配方面强调的一个内容。十六大将初次分配与再分配相区分，将以往的"效率优先，兼顾公平"更加明确。在初次分配中，效率占据了最重要的地位；在再分配中，公平则成为主要考虑对象。虽然将初次分配和再分配分开，但是在十七大报告中，再次强调了"初次分配和再分配都要处理好效率和公平的关系"。初次分配虽然以效率为先，但是在分配过程中也推进过程公平，减少歧视，实现同工同酬。在十六大提出"确立劳动、资本、技术和管理等生产要素按贡献参与分配的原则"之后，十七大、十八大分别要求健全相应的制度，并完善要素按贡献参与初次分配的机制。要素参与初次分配的原则、制度、机制相应确立。

在初次分配制度不断细化及市场化的同时，最低工资制度也逐渐被引入。最低工资制度的初衷虽然是保障劳动者的权益，但是其主要通过影响初次分配来实施。所以，在这部分讨论最低工资制度的演进。1993年劳动和社会保障部印发了《企业最低工资规定》，中国开始在城市实行最低工资制度，但主要由各省、自治区、直辖市自行设定，并没有强制限制。1994年公布的《中华人民共和国劳动法》规定"最低工资的具体标准由省、自治区、直辖市人民政府规定，报国务院备案"。2004年1月由原劳动和社会保障部颁布了《最低工资制度》，这标志着最低工资制度被正式引入了劳动力市场。此规定中指出，最低工资标准"是指劳动者在法定工作时间或依法签订的劳动合同约定的工作时间内提供了正常劳动的前提下，用人单位依法应支付的最低劳动报酬"。最低工资标准分为月最低工资标准和小时最低工资标准，"月最低工资标准适用于全日制就业劳动者，小时最低工资标准适用于非全日制就业劳动者"。全国范围内并没有统一的最低工资标准，而是由各省、自治区、直辖市自行确定，而且其内的不同行政区域也可有不同的标准。与此同时设定了最低工资的调整时间，

"最低工资标准每两年至少调整一次"。2004年年底，31个省（自治区、直辖市）全部建立了最低工资制度，发布并执行了本地区月最低工资标准[①]（苏海南等，2006）。

三 再分配制度的演进

再分配范围逐渐拓展，注重公平。中国是人口大国，在改革初期贫困人口规模也非常巨大。1978年中国生活在绝对贫困线以下的贫困人口达到2.5亿，占全国人口的25%，1985年中国农村贫困人口降到1.25亿[②]。虽然贫困人口大幅下降，但是扶贫依然艰巨。1994年出台了《八七扶贫攻坚计划》，以通过增加对农村及贫困人口的投入减少贫困。十四届五中全会中也特别强调了要加大扶贫工作力度。与农村扶贫并行的是，城市社会保障制度的改革。十四届五中全会中提出，"'九五'期间，要加快养老、失业和医疗保险制度改革，初步形成社会保险、社会救济、社会福利、优抚安置和社会互助、个人储蓄积累保障相结合的多层次的社会保障制度"。由于国有企业生产经营困难较多，管理体制和经营机制不适应社会主义市场经济的要求，国有企业改革成为《中共中央关于制定国民经济和社会发展"九五"计划和2010年远景目标的建议》中一项重要的内容。在计划经济体制下，国有企业职工的社会福利是由国家、地方、企业共同支付的，是一种广覆盖全覆盖的模式。随着国有企业改革的进行，一部分

---

① 苏海南、王学力、刘肇泉、廖春阳：《最低工资制讨论中的几个热点问题》，《开放导报》2006年第6期。

② 林毅夫：《贫困、增长与平等：中国的经验与挑战》，《中国国情国力》2004年第8期。

国有企业职工将会下岗，他们将不能再获得原来的社会福利。在这种情况下，建立形成城市的社会保障体系也与国有企业改革一并被提出。

随着国有企业改革的深入和全国范围的推广，《中共中央关于国有企业改革和发展若干重大问题的决定》中提出"鼓励下岗职工到非公有制经济单位中就业、自己组织起来就业或从事个体经营，使需要再就业的下岗职工重新走上新的岗位"。据统计，1998—2002年五年间，国有企业累计下岗职工总量为2714.5万人[1]。解决下岗职工再就业成为当时中国政府的首要问题。下岗职工实现再就业之前处于失业状态，城市贫困问题也随之加剧。十五届五中全会通过的"十五"规划中，明确提出了"在试点的基础上把国有企业下岗职工基本生活保障纳入失业保险。加强和完善城市居民最低生活保障制度，逐步提高城市贫困人口救济补助标准"。最低生活保障制度成为削减城市贫困的一项主要制度。另一方面，城市的社会保障制度也要进一步加快发展，对资金来源、服务和管理方式都提出了更具针对性的内容。

在城镇社会保障制度框架基本建立之后，农村贫困以及社会保障制度成为进一步改革的重点。十六届三中全会通过了《中共中央关于完善社会主义市场经济体制若干问题的决定》，借鉴城市最低生活保障制度的经验，提出"有条件的地方探索建立农村最低生活保障制度"。2000年《八七扶贫攻坚计划》基本完成，农村贫困人口为3209万。[2] 农村扶贫从面走向点，更加需要实施精准扶贫。最低生活保障制度正是一种精准性扶贫，再加上城市的实施经验，则在农村逐步探

---

[1] 根据《中国劳动和社会保障年鉴》2003年有关数据计算。
[2] 中华人民共和国国家统计局：《中国农村贫困监测报告2009》，中国统计出版社2010年版。

索开展。同时有助于形成城乡扶贫体系的并轨。继十六大探索农村最低生活保障制度之后，十七大提出"探索建立农村养老保险制度"。农村的社会保障制度进一步完善，为全覆盖提供了基础。

城市和农村都建立各自的社会保障体系，基本实现了全覆盖，但是城乡之间、制度之间、地区之间依然存在差别。从全国来看，社会保障制度呈碎片化状态。十八大则提出全面建成覆盖城乡居民的社会保障体系，并逐步整合城乡居民基本养老保险和医疗保险的制度，实现基础养老金全国统筹。

四 调节收入差距的制度

借助政策和市场调节收入差距。一是个人收入分配格局的调节。十四届三中全会更加关注个人收入的增长，打破平均主义，所以"坚持鼓励一部分地区一部分人通过诚实劳动和合法经营先富起来的政策，提倡先富带动和帮助后富，逐步实现共同富裕"。对于社会成员之间的收入差距，保护合法收入处于更加重要的地位，与此同时取缔非法收入。十五届五中全会通过的"十五"规划中则提出了要"防止收入分配差距的过分扩大"，强调通过国家税收来对其进行调节，个人所得税成为调节收入差距的重要手段，目标在于调节过高收入。十六届三中全会中，除了调节高收入之外，提高低收入者收入水平也成为一个重要方面。逐渐建立橄榄形收入分配结构成为调节个人收入分配格局的主导方向。十七大中除了要提高低收入者收入之外，更加强调了最低工资制度和提高扶贫标准的作用。十八大之后《关于深化收入分配制度改革的若干意见》中将扩大中等收入群体视为逐步缩小收入差距的重要方面，逐步形成"橄榄形"分配结构。

二是城乡收入差距的调节。虽然改革开放之后经济不断快速发展，城乡居民收入都有了大幅提高，但是与此同时，城乡收入差距也呈现出扩大趋势。中央政府针对如何缩小城乡收入差距提出了一系列政策建议。十四届三中全会中提出"乡镇企业是农村经济的重要支柱"。同时推动了乡城劳动力市场流动"允许农民进入小城镇务工经商，发展农村第三产业，促进农村剩余劳动力的转移"。农民不再被禁锢在农业，而是被允许在小城镇和农村的非农产业务工，通过从事工业获得较高的收入。十五届三中全会则从"允许"转向鼓励，"组织农民外出务工，国家投资兴建基础设施应多用农村劳动力，增加农民的现金收入"。农民外出务工不再被禁止，反而要积极推动农村剩余劳动力外出务工。随着城市工业的快速发展，农民工的规模逐渐扩大。针对农民工在城镇就业中的被歧视和劣势地位，十六届三中全会进一步提出"逐步统一城乡劳动力市场，形成城乡劳动者平等就业的制度，为农民创造更多就业机会"。十七大将农村富余劳动力的转移培训置于突出地位，同时提出完善和落实国家对农村的政策，依法维护劳动者权益。提高农民工非农就业能力的同时，加强了对农民工合法权益的保护。针对农民工技术水平落后的情况，十八大之后特别提出了建立健全向农民工免费提供职业教育和技能培训制度，由此提高农民工的就业能力。由此可见，城市统一的劳动力市场被逐渐建立，劳动力的乡城流动更加顺畅，农民工能够在城市劳动力市场获得高于在农村务农的收入，从而起到了缩小城乡收入差距的作用。

三是地区收入差距的调节。鼓励一部分地区先富裕起来，是两步走战略的第一步，此后先富带动后富是两步走战略的第二步。虽然从改革开放到十四大召开，已经经历了14年的时间，经济发展在这14年里取得了巨大成就，但是中国当时依然是低收入国家，发展依然是第一位的，两步走战略的第一步依然没有完成。此时地区之间的不均衡是被许可的。鉴于此，在十四届三中全会中，从发展大局出发，"沿海地区先发展起来并继续发挥优势，这是一个大局，内地要顾全这个大局"。虽然同时提出"九五"期间要更加重视支持内地的发展，积极朝着缩小差距的方向努力，但沿海地区的优先发展地位依然屹立。十五届五中全会针对缩小地区收入差距提出了"实施西部大开发战略，加快中西部地区发展"。加快基础设施建设成为推动西部大开发的突破口。在推动西部大开发的同时，要继续发挥东部沿海地区在全国经济发展中的带头作用。在十六届五中全会中提出"形成合力的区域发展格局"，西部、中部地区和东部沿海地区都有了不同的发展重点。由于行政隔离的存在，区域协同发展受到一定限制，同时提出要"健全市场机制，打破行政区划的局限，促进生产要素在区间自由流动，引导产业转移"。要素市场的区域限制被打破，有利于形成统一的要素市场。针对地区之间的差距十七大期间提出要发挥比较优势，推进区域之间协调发展。除了区域之间的障碍之外，中西部地区也同样缺少资金等其他要素，十八大将缩小收入差距的制度落脚在微观领域。例如：促进就业机会公平、提高职业技能。通过微观环境的改变推动中西部地区的发展。

四是行业收入差距的调节。随着国有企业改革的深入，行业收入差距也逐渐凸显，垄断行业与竞争性行业之间的差距不断扩大。"加强对垄断行业收入分配的监督和管理"在十五届五中全会通过的"十五"规划中被提出。此后，对垄断行业收入的监管一直被强调。

五 宏观分配格局的调整

宏观收入分配格局成为收入分配的一项重要内容。十四大提出

"统筹兼顾国家、集体、个人三者利益，理顺国家与企业、中央与地方的分配关系，逐步实现利税分流和分税制"。由此可见，中央政府十分关注宏观分配格局中政府、企业和居民部门之间的关系，以及中央和地方之间的关系。随着分税制改革的开展，中央和地方之间税收收入分配格局被逐渐确定。然而，政府、企业和居民部门之间的关系则一直没有明确的制度安排。直至十七大报告，宏观分配格局的调整成为深入收入分配制度改革的一部分。十七大报告中提出"逐步提高居民收入在国民收入分配中的比重，提高劳动报酬在初次分配中的比重"。在此基础上，十八大加强了政府的财政转移支付力度，以增进居民收入占比，并提高再分配的调节作用。

通过上述梳理可以看出，十四大以后中国收入分配制度逐渐从计划走向市场，从结果公平走向过程公平。初次分配注重效率主要由市场主导，依据要素贡献来决定要素报酬。再次分配的范围逐渐扩大，城镇和农村逐渐统一，社会保障和社会救助体系逐渐建立完善。对于收入差距，分别对个人收入差距、城乡收入差距、地区收入差距以及行业收入差距进行针对性调节，包括：建立统一的劳动力市场、建立统一的要素市场、完善税收制度、加强监管等方面。在国民收入中，随着经济不断发展，居民收入占比和劳动报酬占比成为近年来收入分配制度的一项主要内容，对于推动居民收入提高具有重要意义。

◇◇第二节 改革开放以来居民收入分配状况的总体趋势

本节着重从整体上分析改革开放以来居民收入分配的变动趋势。主要使用基尼系数和社会结构的相关指标来分析。对基尼系数及其变动，特别是背后的原因进行分析和解释。

一 基尼系数的变动趋势

基尼系数是衡量居民之间收入分配结构的综合性指标。当每个人的收入都一样时，处于绝对公平，基尼系数为0；当所有的收入集中在一个人手中时，处于绝对不公平，基尼系数为1。这两类是极端情况，在实际经济社会中，基尼系数处于0—1之间，基尼系数越大，则居民收入差距越大，越不公平。一般认为，基尼系数小于0.2时，居民收入绝对平均；在0.2—0.3之间时，居民收入比较平均；在0.3—0.4之间则比较合理；在0.4—0.5之间时，居民收入差距过大；超过0.5时，则认为收入差距悬殊。

基尼系数反映的是总体收入的差距。基尼系数的变化取决于所有居民的相对收入的变化，是一个综合性指标。基尼系数的变化可能与一个群体相对于另一个群体的变化并不一致。例如，总体上低收入群体的收入提高，高收入群体的收入得到有效调节，中等收入群体扩大，这将使收入分配结构更加公平，基尼系数降低。然而，与此同时，有一部分群体因病致贫，他们的收入相对于原来的收入水平来说则处于恶化的状态。总体的基尼系数并不能反映这一情况，除非针对其做特殊群体的计算。另外，基尼系数虽然能够衡量收入差距，并根据通用的标准来判断收入分配的状况，但是基尼系数并不能反映收入差距过大的来源及群体之间的特征，因此大量研究对基尼系数进行分解，来讨论不同群体之间的收入差距，并与总体的收入差距进行比较，从而判断收入差距来自哪些群体。

根据世界银行的估算，改革开放初期，中国1981年的基尼系数仅为0.2911，1984年降至0.2764，处于比较平均的情况。虽然此时处于比较公平的水平，但是中国当时的经济发展水平比较落后，是低收入的发展中国家。尽管每个人之间收入水平比较平均，但是每个人的收入都非常低，经济产品也不够丰富，城镇居民的生活用品依然实施配给制，需要凭票购买。在共同富裕的理念下，一部分有条件的地区和一部分人先发展了起来，一部分地区则发展比较慢。这样就带来了收入差距的持续扩大。1987年恢复至1981年的水平，达到0.2985，1990年的基尼系数是0.3243，进入收入分配比较合理的阶段。此后一路上升，1999年达到0.3923，仍然在比较合理的区间，只是接近国际警戒线。2002年则已经超过了公认的国际警戒线，高达0.4259。国家统计局发布的2003年的基尼系数为0.479。由此可见，1984—2002年，中国的基尼系数持续上升，先后经历了比较平等、比较合理和收入差距过大三个阶段。

2013年国家统计局公布了2003年以来的基尼系数，此后基尼系数成为各年经济和社会发展统计公报中的一项常规指标。尽管这一指标与其他社会调查的基尼系数的结果存在一定差异，但是统计局公布的数据具有较高的权威性。一是因为统计局的数据覆盖范围最广。基于人力、财力的限制，学术群体进行的社会调查只能是抽样调查，且抽样数量远小于统计局的数量。二是因为统计的数据是逐年公布的。学术群体的调查同样基于上述原因，大多是具有时间跨度的，难以实现每年都调查，数据的连续性比较差。鉴于此，我们依据2013年国家统计局公布的数据分析2003—2014年的基尼系数趋势。国家统计局公布的2003年的基尼系数为0.479，延续了世界银行公布的基尼系数的增长趋势。尽管两组数据在统计数据和统计标准上存在差异，但是数据的结构都显示出中国的基尼系数偏高，超过了国际警戒线0.4

的水平。2003—2008 年，基尼系数仍然在不断地小幅上升，2008 年最高，达到 0.491。这与收入悬殊的判断标准 0.5 相差极小。基尼系数从 2009 年开始呈现出下降趋势，持续 7 年不断地降低，尽管幅度比较小，2015 年降至 0.462。在可比的数据范围内，2015 年的基尼系数已经低于 2003 年的水平。

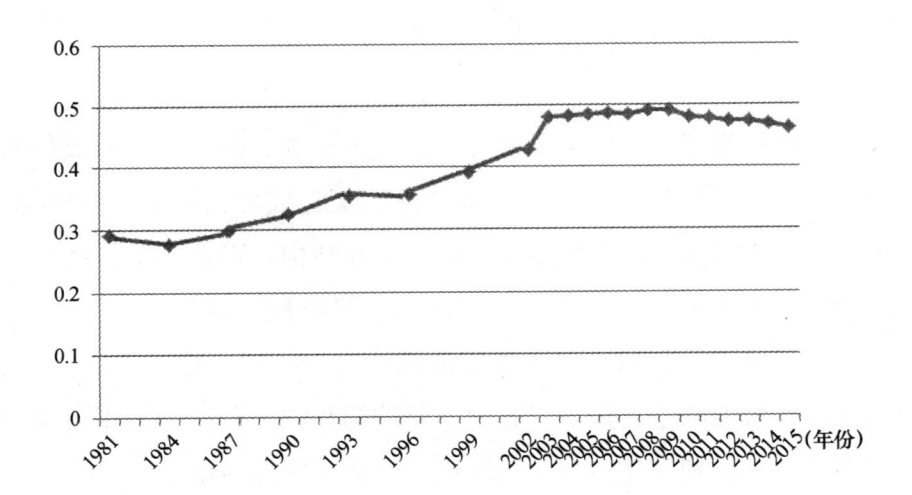

图 3—1　中国基尼系数的变化趋势

数据来源：2003 年以前的数据来自世界银行 2016 年 WDI，2003 年及以后的数据来自国家统计局。

基尼系数的持续下降说明总体收入水平表现出的收入差距出现了下降。尽管 2009 年基尼系数刚出现下降时，对于下降趋势的判断并不明了，但是持续 7 年的下降，总体上可以说明这段时间内的下降趋势。从另一个方面来说，2009 年以来基尼系数没有进一步提高，收入差距没有进一步的恶化是一个普遍认可的事实。

然而，值得注意的是，基尼系数依然比较高，2015 年还在国际警戒线之上。从基尼系数的判断标准来看，中国仍是一个收入差距过大的国家。从国际比较来看，中国的基尼系数同样偏高。2016年世界发展指标数据显示，2010年基尼系数超过中国的国家只有20个，其中除了格鲁吉亚、以色列和越南以外，其他国家均为非洲或拉丁美洲国家，这说明中国的收入差距在国际上也处于较高水平。

二 社会结构的变动趋势

社会结构是指一个国家或地区占有一定资源、机会的社会成员的组成方式及其关系格局，包含人口结构、家庭结构、社会组织结构、城乡结构、区域结构、就业结构、收入分配结构、消费结构、社会阶层结构等若干重要子结构。社会结构具有复杂性、整体性、层次性、相对稳定性等重要特点。一个理想的现代社会结构，应具有公正性、合理性、开放性的重要特征。其中就业结构和收入分配结构则更加凸显了与收入分配相关的内容。这也成为社会学研究的重要内容。

衡量社会结构的指数有很多种，角度也各有不同，国际社会经济地位指数是一个重要的衡量指标。该方法根据各个职业群体的平均受教育水平和平均收入水平加权打分，甚至还会考虑就业者的其他个人特征和家庭特征。"社会经济地位指数"是综合人们的多种社会经济因素而排列的顺序和分值，是一种客观地位而不是主观地位，尽管该指数与职业主观声望测量的指数具有很强的相关关系。然而，一般而言通过"国际标准职业声望量表"来计算该指数，使其尽可能地建立在被人们普遍接受的价值观的基础上。

一般而言，社会结构被分为橄榄形（或者是纺锤形）、金字塔形和哑铃形。其中橄榄形社会结构是一种两头小、中间大的社会结构，是被学术界和社会普遍认为比较合理和稳定的社会结构。单独从收入角度来看，橄榄形社会结构意味着以中等收入群体为主体，低收入群体和高收入群体的规模都比较小。金字塔形社会结构是底部大、中间比较大、上部比较小的社会结构，一般被认为是一种过渡性的社会结构。哑铃形社会结构恰与橄榄形社会结构相反，呈现两头大、中间小的状态。哑铃形社会结构非常不稳定，社会群体之间的差异比较大，社会流动性也比较差。

根据国际标准职业声望量表计算的中国社会经济地位指数如图3—2所示。我们可以看出，中国的社会结构非常独特。2000年，职业声望非常低的群体占到了所有就业人口的60%以上，剩余的近40%的就业人口零散地分布在职业声望数轴上，每一个分值上的群体都非常小。这样的社会结构被称为"倒丁字形"。职业声望分值为23的群体中最主要的是农民。这也体现出中国城乡之间的差别。农民的收入水平和职业地位都处于最低的水平。十年之后，采用相同的方法对2010年的数据进行计算。结果显示，总体上2010年中国的社会经济地位结构依然呈现"倒丁字形"，位于低分值的群体占据了全部就业人口的一半。与2000年不同的是，底层群体有所减少，中间群体的规模扩大。换句话说，在这十年中，部分底层群体进入中间群体，扩大了中间群体，社会结构中存在从下向上的流动。

依据社会经济地位指数绘制的社会结构与基尼系数反映的收入分配结构都体现出中国的收入差距较大。

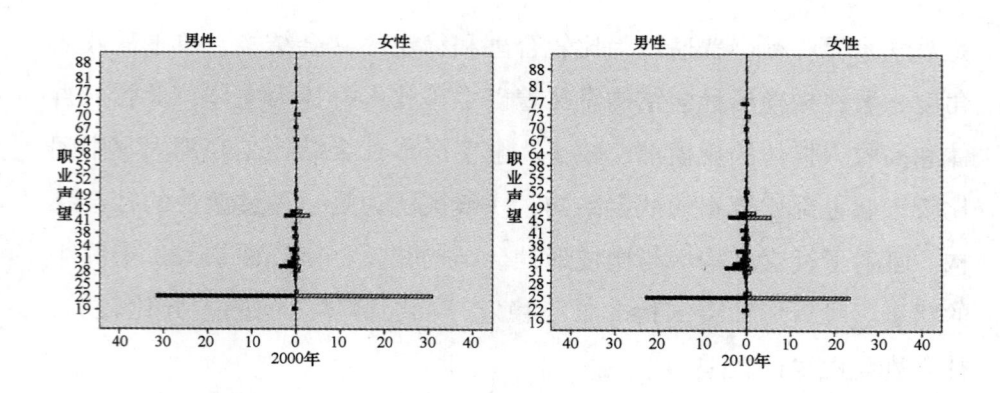

图 3—2　中国社会分层结构变迁（2000—2010 年）

数据来源：李强、王昊：《中国社会分层结构的四个世界》，《社会科学战线》2014年第 9 期。

三　居民收入差距较大的原因

市场化水平逐渐提高，要素配置和收入分配更多由市场决定，突出了个体之间的差异。改革开放以后，劳动力市场和要素市场的市场化程度逐步提高，特别是国有企业改革之后，非公有制经济、民营经济、外资经济等获得了较快发展，进一步推动了要素市场市场化程度的提高。劳动报酬是居民主要的收入来源。在市场化提高的情况下，劳动的边际产出决定劳动的报酬，边际产出越高则劳动报酬越高。边际产出在很大程度上是由劳动者自身的人力资本决定的。由此可见，个体之间人力资本的差异，导致其边际生产力不同，进而带来劳动报酬差异。在打破大锅饭、要素市场化的过程中，由个体特征导致的收入差异逐渐显现，进而导致收入差距的扩大。

要素流动受阻，加大了不同群体之间的收入差距。虽然要素配置和收入分配过程的市场化程度不断提高，但是要素自由流动依然受到限制，没有形成统一的要素市场。相对于资本而言，劳动力的自由流动则更加困难。劳动力在城乡之间、地区之间、行业之间的流动都存在进入壁垒。劳动力在乡城之间的流动囿于户籍制度的限制，长期受到歧视。1989—1991年控制农村居民的盲目流动，1992年之后鼓励农村劳动力流动，但是国有企业改革之后，1995—2000年，对下岗职工实施的再就业使部分省市出台了各种限制农村劳动力进城及外来劳动力务工的规定和政策。即使在2003年农民工工资大幅增长之后，农民工在进入公有制部门时依然受到较强的歧视。资本的流动性强于劳动，而且各地为了招商引资纷纷给出优惠条件，但是资本的流动也存在一定的障碍。资本市场的政府管制和垄断使资本要素价格难以完全由市场决定，致使资本要素容易获得超过其边际产出的价格或收益[1]。资源报偿方面，由于相关制度的不健全，资源报偿分配方面表现出的不平等、不公正则更加突出。鄂尔多斯地区，仅亿万富翁就有7000人。他们主要是靠卖资源致富的，如靠卖煤致富。这主要是钻了政策的空子，甚至是违法、违规，可能与贿赂腐败联系在一起[2]。

要素分配结构向资本倾斜。改革开放以来，中国借助劳动力方面的比较优势获得了快速的发展。然而，在发展过程中，资本相对于劳动严重稀缺，由此导致资本收益率高。高投资率和高收益率成为经济快速发展过程中的主要特征。在劳资关系中，资本处于主导地位，掌握话语权，劳动处于弱势地位，资本获得了较高的报酬，用于劳动报

---

[1] 张车伟、赵文：《中国劳动报酬份额问题——基于雇员经济与自雇经济的测算与分析》，《中国社会科学》2015年第12期。

[2] 李强：《社会分层与社会空间领域的公平、公正》，《中国人民大学学报》2012年第1期。

酬分配的份额较低。资本垄断又导致资本收益集中在少数人的手中。在劳动分配份额较少和资本收益集中的双重作用下，拉大了居民之间的收入差距。

法律制度不健全，不合理收入和非法收入的存在，扩大了收入差距。在经济快速发展的同时，分配制度也在不断地调整。与此同时，关于收入管理方面的法律制度也不断出台，但是依然存在错位和缺位的问题。这就使得部分人能够凭借不合理甚至不合法的手段获得收入。如前所述，资源税费的缺位与不健全，使部分人将出卖资源获得的收入据为己有。另外，近年来隐性收入的规模不断扩大，也拉大了收入差距。当考虑隐性收入时，以"城镇居民家庭总收入"为标准计算的基尼系数从原始数据中的 0.31—0.34 上升到了 0.45—0.51，测算出收入瞒报所导致的"隐性收入"规模约占中国 2002—2009 年间相应各年 GDP 的 19%—25%[①]。

再分配调节力度有限，初次分配格局基本决定了再分配之后的可支配收入格局。一是税收调节是再分配调节的重要手段，但是中国个人所得税表现为税额累进但税率累退，高收入群体的纳税额高但是税率却偏低。以 2009 年为例，如果不存在不公平，个人所得税将使城镇居民税前收入基尼系数降低 0.018，但实际上仅仅降低了 0.0129[②]。也就是说，个人所得税的这种累退性降低了税收的调节功效。二是社会保障制度分割难以发挥再分配的功效。社会保障制度是一项重要的再分配手段，以社会共济的方式缩小收入差距。然而，中国社会保障

[①] 白重恩、唐燕华、张琼：《中国隐性收入规模估计——基于扩展消费支出模型及数据的解读》，《经济研究》2015 年第 6 期。

[②] 徐静、岳希明：《税收不公正如何影响收入分配效应》，《经济学动态》2014 年第 6 期。

制度中存在的城乡分割、部门分割等问题，使本应被扶持的弱势群体难以通过社会保障获得扶持，甚至存在"逆向调节"。例如，在城市工作的农民工，他们很难获得社会保障。即使制度允许之后，农民工参保的比例依然非常低，这主要是因为转续衔接等问题使农民工难以达到领取社会保障的要求。非缴费型的社会保障（如最低生活保障）主要是针对城市本地居民，农民工则难以获得。

城市化滞后于工业化，减弱了工业化进程对收入差距缩小的能力。伴随着工业化的快速发展，大量农村剩余劳动力从农村迁移至城镇，就业从农业转向工业，进而生活也从农村转向城市，从而推动城市化的进程。然而，囿于户籍制度的限制，中国的城市化进程被分为两个阶段，农民成为农民工，农民工成为市民。户籍制度背后的基本公共服务成为使农民工转变为市民的障碍。换句话说，虽然农民工在城市就业，但是其享受的基本公共服务依然是农村的标准，基于中国农村和城市之间基本公共服务方面的巨大差异，这降低了工业化缩小收入差距的能力。随着工业的不断发展，农民工规模不断提高，2015年农民工的规模达到了27747万人，占全部就业人口的35.8%[1]。农民工规模扩大则进一步减弱了工业化缩小收入差距的能力。

综合上述居民收入差距扩大的原因可以发现，收入差距扩大主要反映在城乡、地区和行业之间收入差距扩大，以及劳动报酬份额偏低两个方面。基于此，我们以下分别对城乡、区域和行业之间的宏观分配格局，以及国民收入分配中劳动报酬的变化规律进行分析。

---

[1] 《2015年国民经济和社会发展统计公报》，http：//www.gov.cn/xinwen/2016-02/29/content_ 5047274.htm。

第三节 城乡、区域和行业之间宏观分配格局的差异

计算和衡量收入差距反映收入分配状况是收入分配研究的一个重要方面。当存在过大的收入差距时,发现收入差距的来源为进一步缩小收入差距指明方向则显得更为重要。从基尼系数来看,中国的收入差距依然较大。社会结构也同样反映出底部阶层占据了一半左右。结合对收入分配差距产生原因的讨论,我们对城乡、地区和行业间的收入差距进行分析。

一 城乡间收入差距分析

改革开放之前,中国以优先发展重工业为主,形成了典型的城乡二元分配结构。通过剪刀差,农村向城市提供了大量资金支持。改革开放之后,虽然首先在农村实施了改革,但是城乡之间的分割却一直存在。乡城之间劳动力流动的限制则是对城乡之间分割的集中体现。因此,首先讨论城乡之间的收入差距。

从基尼系数的分解结果来看,城乡收入差距是全国基尼系数最主要的贡献者。农村的基尼系数从1978年的0.21提高到1997年的0.34、2002年的0.38,城市的基尼系数分别是0.30、0.29和0.34,全国在这三年的基尼系数分别为0.30、0.38和0.45,可见每一时期全国的基尼系数都要比城乡内部的大,说明城乡之间收入差距很大[1]。

---

[1] 蔡昉、万广华:《中国收入差距和贫困研究:我们知道什么,我们应该知道什么?》,载蔡昉、万广华《中国转轨时期收入差距与贫困》,社会科学文献出版社2006年版。

在此之后，城乡之间的收入差距一直是收入差距的主要来源。根据图3—3可知，1978—1997年，城乡之间收入差距呈现波动状态。1978—1985年，城乡之间的收入比逐渐下降，从1978年的2.57∶1降至1985年的1.86∶1。这主要是因为改革开放首先在农村进行，家庭联产承包责任制的广泛推广，释放了农村的经济活力，激发了农民的积极性。生产率提高的同时，在"交够国家的，留足集体的，剩下都是自己的"的政策下，农民的收入水平大幅提高，从而大幅缩小了城乡之间的收入差距。1984年改革的重点从农村转向城市。随着在城市的经济发展中引入市场机制，城市的发展速度也快速提高。城市居民的收入水平随之大幅提高，增长速度超过农村，形成了城乡居民收入差距扩大的趋势。城乡居民收入的比值在1994年达到了这个时期的最高值2.86。此后转入下降，1997年时城乡居民收入的比值与1980年相当。

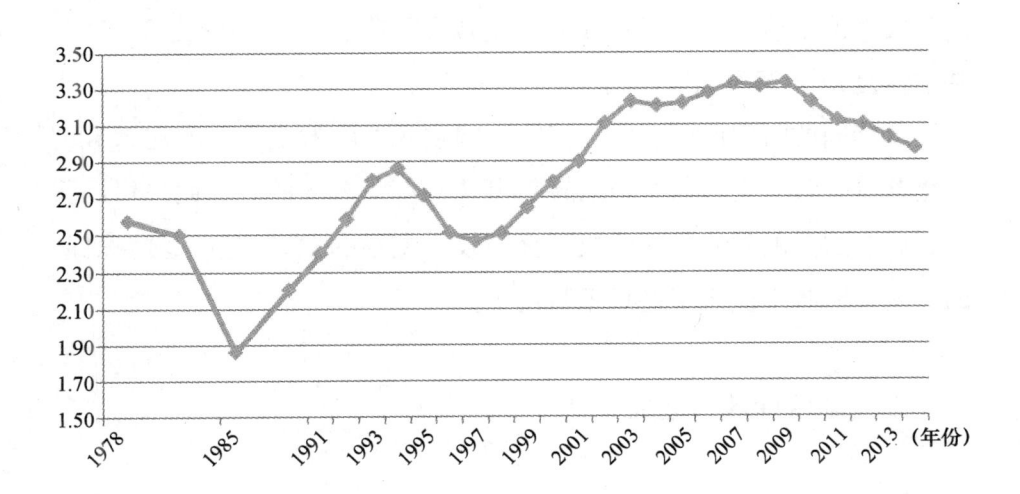

图3—3 城乡之间居民收入的差距

数据来源：根据2015年《中国统计年鉴》计算得到，城镇居民为人均可支配收入，农村居民为人均纯收入。

1997—2014年,城乡居民收入比呈现先上升后下降的趋势。随着国有企业改革的逐步推广,减员增效的同时,要素分配则更加倾向于由市场决定。十五大报告提出"把按劳分配和按生产要素分配结合起来,坚持效率优先、兼顾公平,有利于优化资源配置,促进社会发展"。在市场化程度提高的情况下,城市居民的收入获得了比农村居民更快的增长,1997—2003年城乡居民收入差距持续扩大,且速度较快。尽管1989年中国爆发了"民工潮",大量农民工进城务工,获得了比务农更高的工资,但是农民工在城市就业时面临较深的歧视,获得的收入偏低。虽然提高了农村居民的收入,但是提高的幅度仍低于城市居民收入的增长。2003—2009年,城乡居民收入仍然表现出持续扩大的趋势,但是扩大的速度远低于1997—2003年的扩大速度。城乡居民收入比从2003年的3.23:1缓慢上升至2009年的3.33:1。这一增长速度与2002年(3.11:1)到2003年的增长速度相当。2009年达到最大值之后,城乡居民收入比则转向下降,2014年降至2.97:1,基本恢复到了2001年的水平。

从相同的时间区间来看,城乡之间收入差距的变化与基尼系数的变化基本一致,上升与下降的转折点几乎都是相同的。由此也可以看出,城乡之间的收入差距构成了全国收入差距的主要部分,城乡之间的收入差距基本决定了基尼系数的走势。

二 地区间收入差距分析

胡焕庸线根据人口分布将中国分为两个区域,约占全国96%的人口居住在约占全国土地面积36%的东南部地区,约占全国4%的人口居住在约占全国土地面积64%的西北部地区。虽然这比东中西和东北地区的划分更显粗略，但是它充分显示出中国不同区域的自然环境、人口分布等差异。随着改革开放逐渐深入以及两个大局战略思想实施，不同地区的发展机会也不同，市场化的程度也不尽相同。由此，地区之间的差异同样是中国收入差距长期关注的内容。

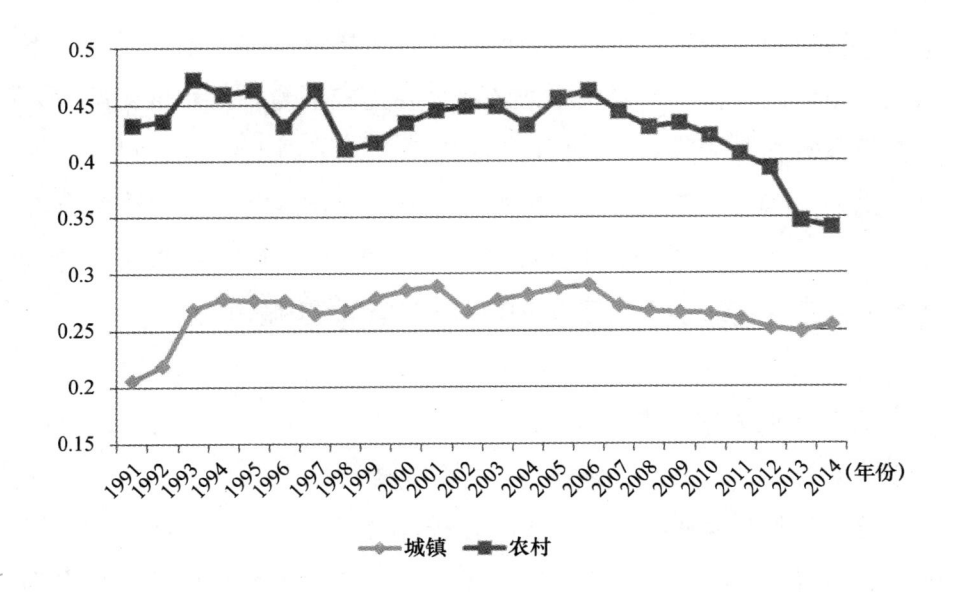

图3—4 分城乡地区间收入变异系数的变动趋势

数据来源：根据历年《中国统计年鉴》计算得到，城镇居民收入为人均可支配收入，农村居民收入为人均纯收入。

利用各省城镇居民人均可支配收入和农村居民人均纯收入的数据，我们分城镇和农村分别计算了1991—2014年各省之间人均收入的变异系数，用以反映地区之间收入差距的变化。首先，城镇和农村的地区间收入差异都经历了从扩大到缩小的过程。2006年之后地区间的收入差异在不断缩小，相比城市而言，农村的地区间收入差异下降比较快。2011年的时候农村的地区间收入差异已经小于1991年以来1998年的最低值，2013年降到了0.35以下。同样，2006年以来城镇地区间收入差异也出现了下降的趋势，2010年已经降至1997年的水平，2013年降到0.25以下。其次，在下降阶段，农村间地区差异下降的速度要快于城镇。也就是说，地区间农村收入差异趋同的速度快于城镇的。最后，城镇的地区间收入差异一直都低于农村的。不同地区城镇间的收入差异较小，各地区间比较平衡，人均可支配收入的变异系数在0.25—0.30之间。相比而言，不同地区农村间的收入差异则非常巨大，2012年以前农村居民人均纯收入的变异系数在0.40以上，有一些年份甚至超过了0.45。即使2006年以来农村地区间收入差距快速缩小，但是在2014年仍然远大于城镇的。

三　行业间收入差距分析

随着改革开放逐渐深入，市场化程度逐渐提高，在提高效率的同时，不同行业间收入差距也不断扩大。行业间收入差距也成为热点问题。根据国家统计局的数据我们计算了1990—2014年的行业收入变异系数[1]。由于2003年对行业分类标准进行了调整，前后数据的可比性不是很强。2003年的行业分类要比此前的分类更加细致，这使得之前的一些行业内的收入差距变为了行业间收入差距。根据图3—5可以看出，行业细化之后，行业间的收入差距高于此前的水平。

从总体趋势来看，1990—2008年行业间收入差距持续扩大；2008年之后行业间收入差距出现了缩小的趋势，2012年之后保持在0.33。

---

[1]　这里的行业平均收入仅是单位就业人员在特定行业的平均收入。

分阶段来看，2002年以前，行业间收入差距经历了较快速的上涨。2003年调整了行业标准之后，行业间收入差距被大幅拉起，2003—2008年继续持续着小幅的上涨。2008年达到最高值0.35，此后出现了持续小幅下降。

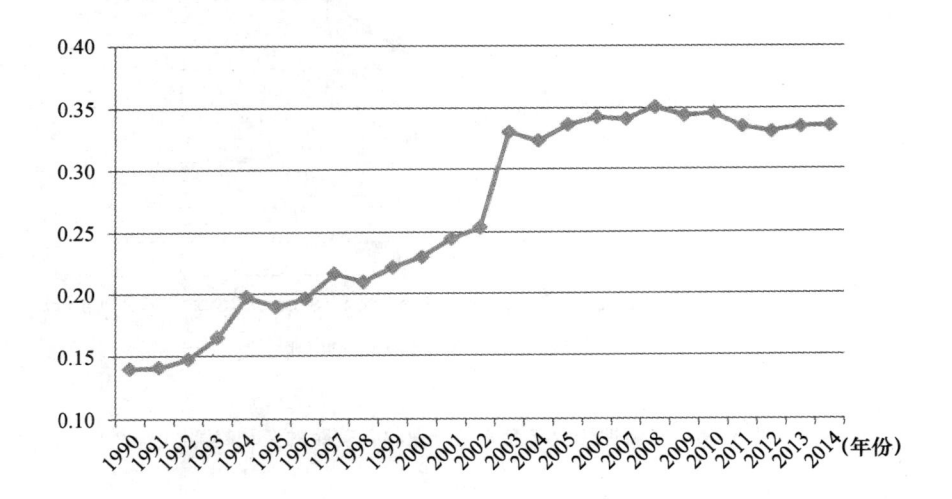

图3—5 行业间收入变异系数的变动趋势

数据来源：根据历年《中国统计年鉴》计算得到。

垄断性行业和竞争性行业之间的收入差距一直以来受到关注。我们将制造业视为竞争性行业，将房地产业和金融业视为垄断性行业。对1990—2014年垄断性行业和竞争性行业之间的收入差距进行比较。从房地产业和制造业之间的差距进行分析，1990—1997年，房地产业与制造业之间的收入差距不断提高，此后房地产业与制造业之间的收入差距持续下降，2014年已经降至1.1倍。从金融业与制造业之间的收入差距来看，1990—2010年持续上涨。2010年达到最高，金融业的人均工资是制造业的 2.27 倍；2010 年以来，两者之间的差距逐渐缩小，2014 年降至 2.11，与 2007 年相当。

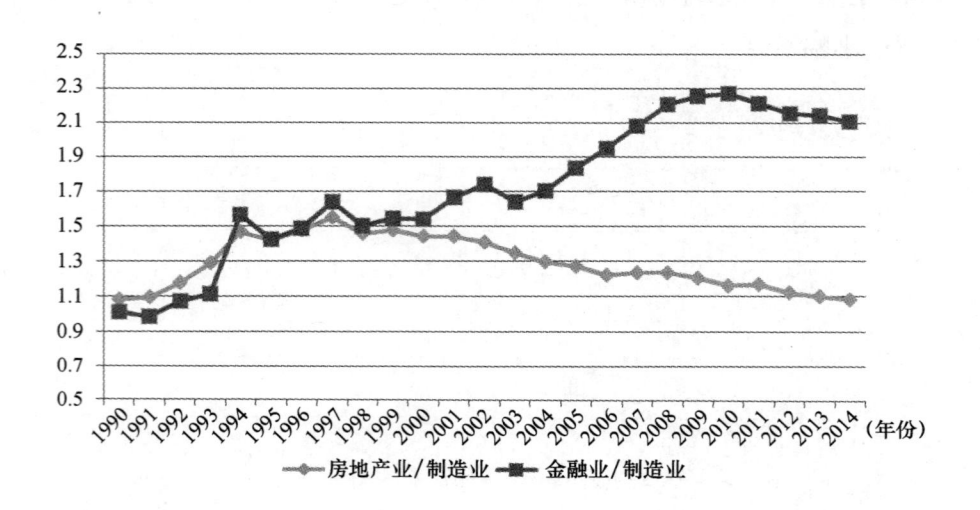

图 3—6　垄断性行业与竞争性行业收入差距的变动趋势

数据来源：根据历年《中国统计年鉴》计算得到。

综上城乡、地区和行业间的收入差距变化趋势与总体基尼系数的比较，我们可以发现，城乡、地区和行业间收入差距与基尼系数同步变化，都在 2009 年左右出现了下降。城乡间、地区间和行业间的收入差异分别在 2009 年、2006 年和 2008 年出现下降，城乡间的差距下降较快，而且农村地区间的收入差距也下降较快。从城乡间收入比与垄断性行业和竞争性行业的收入比来看，城乡间收入差距依然较大，是收入差距的主要来源。从农村、城镇的收入变异系数来看，农村内部的收入差异依然比较大。由此可见，缩小农村与城镇、不同地区间农村的收入差距仍然是缩小收入差距的重要环节。

◈ 第四节 国民收入分配中劳动报酬变动趋势分析

本节主要基于资金流量表对政府、企业、居民三大主体的分配格局，以及劳动报酬占比的情况进行分析。中国国家统计局从1992年开始编制资金流量表，在2005年对中国国民经济统计制度进行了调整，同时调整了2000年以来的资金流量表。因此，按照不同的统计制度，资金流量表被分为1992—1999年和2000—2013年两个阶段。两个时间段内部的数据是相互衔接的，但是两个时间段之间存在跳跃。鉴于此，本节关于资金流量表的分析将被分为两个时段，跨时间段比较时更加倾向趋势分析。

一 三大主体初次收入的分配格局变化

在初次分配中，政府部门获得的收入主要来自企业部门的生产税净额，少量来自住户部门；住户部门的主要收入是劳动者报酬，分别来自政府部门和企业部门，企业部门提供的劳动者报酬占据主导地位。

中国经济快速发展的过程中，政府、企业和个人之间的利益分配关系并没有发生巨大变化。由十四大以来宏观格局的分配原则变化，也可以明显地看出这一点。自十四大提出"统筹兼顾国家、集体、个人三者利益"之后，直至十七大才再次关注宏观分配格局问题。也就是说，1992—2007年，宏观分配格局中三大主体的分配原则基本保持一致。按名义值来看，1992—1999年和2000—2013年两个阶段内，政府、企业和居民部门的收入都处于上升阶段（见表3—1）。1992—1999年，1996—1998年总收入增长放缓，企业部门在初次分配中所获收益放缓的速度更快，这很可能是亚洲金融危机和国内国有企业改革共同作用的结果。2000—2013年，最明显的放缓发生在2009年，初次分配中总收入的名义值仅比上年增长了7.69%，企业部门的年增长率仅为0.10%，与此相反，居民部门的年增长率却出现了少有的高于总收入增长率的情况。2009年增长率放缓主要受到全球金融危机的影响。由于中国的开放程度更大，与世界经济的联系更加密切，企业部门在这次金融危机中受到了更大的冲击。

表3—1　　　　　　　　　各部门初次分配收入

年度	名义值（亿元）				年增长率[1]（%）			
	初次分配总收入	政府	企业	居民	初次分配总收入	政府	企业	居民
1992	26937	4462	4680	17795				
1993	35260	6098	7087	22075	30.90	36.67	51.43	24.05
1994	48109	8217	8551	31341	36.44	34.75	20.66	41.98
1995	59810	9103	11683	39025	24.32	10.78	36.63	24.52
1996	68143	11660	11854	44629	13.93	28.09	1.46	14.36
1997	78061	13334	13189	51538	14.55	14.36	11.26	15.48
1998	83024	14729	13445	54850	6.36	10.46	1.94	6.43
1999	88479	15171	15755	57553	6.57	3.00	17.18	4.93
2000	98001	12865	19324	65811				
2001	108068	13697	23122	71249	10.27	6.47	19.65	8.26
2002	119096	16600	25694	76802	10.20	21.19	11.12	7.79
2003	134977	18388	30077	86512	13.33	10.77	17.06	12.64

续表

年度	名义值（亿元）				年增长率[1]（％）			
	初次分配总收入	政府	企业	居民	初次分配总收入	政府	企业	居民
2004	159454	21913	40051	97490	18.13	19.17	33.16	12.69
2005	183617	26074	45026	112517	15.15	18.99	12.42	15.41
2006	215904	31373	53416	131115	17.58	20.32	18.63	16.53
2007	266422	39267	68350	158805	23.40	25.16	27.96	21.12
2008	316030	46549	84086	185395	18.62	18.54	23.02	16.74
2009	340320	49606	84170	206544	7.69	6.57	0.10	11.41
2010	399760	59927	97968	241865	17.47	20.81	16.39	17.10
2011	468562	72067	112213	284283	17.21	20.26	14.54	17.54
2012	518215	80976	117776	319462	10.60	12.36	4.96	12.37
2013	583197	88745	140692	353760	12.54	9.59	19.46	10.74

注：1 由于1992—1999年期间和2000—2014年期间统计制度的变化，没有计算2000年相对于1999年的增长率。下同。

数据来源：1992—2011年数据来自魏众（2015），此后的数据由笔者根据《中国统计年鉴》提供的资金流量表自行计算。

以下对宏观分配格局中政府、企业和居民部门在初次分配中所占的比重进行分析（见表3—2）。1992—1999年，政府部门在初次分配中所占的比重基本保持平稳，没有大幅波动。只有1992年和1995年的比重较低。1995年政府部门比重下降可能是受分税制改革的影响。企业部门的比重虽然存在一定的波动，但是波动并不大，仅1993年和1995年的比重比较高，达到20％。除了1993年之外，政府和企业部门基本处于此消彼长的状态，所以居民部门的比重稳定在66％左右。1993年政府和企业部门的比重同时增长，使居民部门的比重大幅下降，从66.06％直降至62.61％。尽管此后居民部门的比重不断提高，但是直至 1998 年才恢复至 1992 年的水平。

表 3—2　　　政府、企业、居民部门在初次分配中的比重　　　单位:%

年度	政府	企业	居民	合计
1992	16.57	17.37	66.06	100
1993	17.29	20.10	62.61	100
1994	17.08	17.77	65.15	100
1995	15.22	19.53	65.25	100
1996	17.11	17.40	65.49	100
1997	17.08	16.90	66.02	100
1998	17.74	16.19	66.06	100
1999	17.15	17.81	65.05	100
2000	13.13	19.72	67.15	100
2001	12.67	21.40	65.93	100
2002	13.94	21.57	64.49	100
2003	13.62	22.28	64.09	100
2004	13.74	25.12	61.14	100
2005	14.20	24.52	61.28	100
2006	14.53	24.74	60.73	100
2007	14.74	25.65	59.61	100
2008	14.73	26.61	58.66	100
2009	14.58	24.73	60.69	100
2010	14.99	24.51	60.50	100
2011	15.38	23.95	60.67	100
2012	15.63	22.73	61.65	100
2013	15.22	24.12	60.66	100

数据来源：1992—2011 年数据来自魏众（2015），此后的数据由笔者根据《中国统计年鉴》提供的资金流量表自行计算。

2000—2013年，政府部门所占比重一路上升，从2000年的13.13%上升至2012年的15.63%。企业部门的比重在2000—2008年也呈现出不断扩张的趋势。在政府部门和企业部门共同上涨的情况下，居民部门所占比重则不断下降，从2000年的67.15%下降至2008年58.66%。2009—2012年，政府部门的比重依然在上升，但是由于企业部门的比重出现了较大幅度的下降，居民部门的比重相应上升。2012年居民部门的比重基本恢复到了2005年的水平，但是与2000年的比重依然存在较大差距。

宏观分配格局的变动与三大主体部门收入增长具有密切联系。我们将表3—1中总收入和各部门收入的增长率与表3—2中各部门所占比重进行联系，可以发现1992—1999年和2000—2013年两个时间段宏观分配格局的差异。1992—1999年期间，1994—1998年居民部门收入增长的速度都快于总收入增长的速度，只在1993年和1999年居民部门收入增长的速度低于总收入的增长速度。这就导致了1994—1998年居民部门的比重不断提高的局面。政府和企业部门与总收入增长率之间关系大多处于相反的状态，当政府部门的增长率高于总收入时，企业部门的增长率则低于总收入。

2000—2013年期间，居民部门的增长率仅在2005年、2009年、2011年和2012年四个年份中高于总收入增长率。政府部门的增长率则仅有6年低于总收入的增长率，且每次降低的幅度十分有限。企业部门的增长率也仅有5年低于总收入的，分别是2005年、2009—2012年。由此可见，居民部门收入增长率的上升主要是在十七大之后的"十二五"期间，居民部门增长率的上升来自企业部门增长率的下降。也就是说，十七大之后调整居民部门占比的举措主要是针对企业和居民之间的调整，政府部门持续增长的趋势并没有下降。

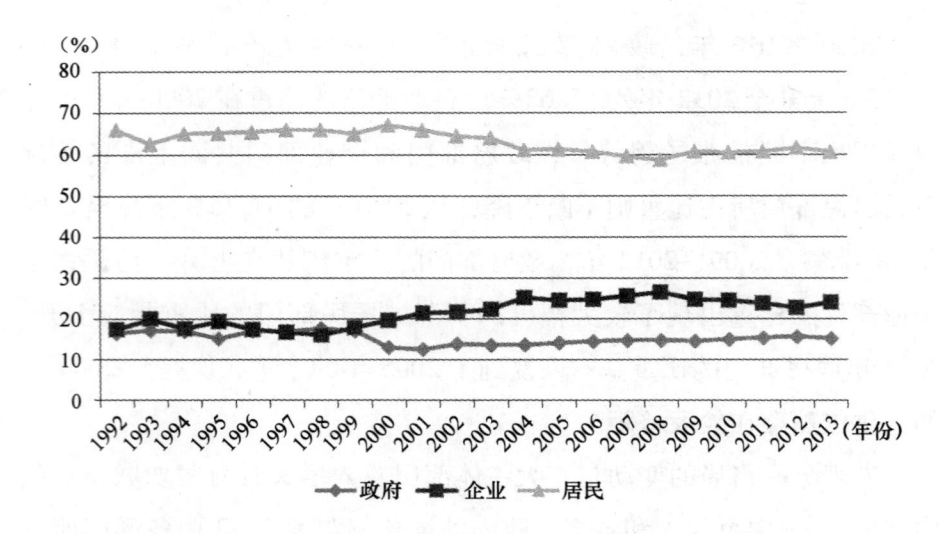

图 3—7　政府、企业、居民部门占初次分配比重的趋势

二　三大主体可支配收入的分配格局变化

在初次分配的基础上，对社会保险缴费和支出、社会福利收入和支出、社会补助收入和支出以及其他转移性收入和支出进行调整之后，即可以得到各部门的可支配收入。

与初次分配收入的趋势相近，再分配后可支配收入也基本保持了上涨。1992—1999 年和 2000—2013 年，政府、企业和居民部门的可支配收入的名义值均高于上一年，只有企业部门的可支配收入在 1996 年出现下降，低于 1995 年的名义值。居民部门的可支配收入处于持续的上涨过程，并没有出现政府和企业部门的突然下降，然后又提高的情况。从增长率来看，可支配收入的增长率也同初次分配相似，在 1996—1998 年出现了下降。

表 3—3　　　　　　　　各部门再分配后可支配的收入

年度	名义值（亿元）可支配总收入	政府	企业	居民	年增长率（%）可支配总收入	政府	企业	居民
1992	27001	5389	3159	18453				
1993	35328	6943	5557	22827	30.84	28.84	75.91	23.70
1994	48224	8927	7005	32292	36.50	28.58	26.06	41.46
1995	59930	9916	9723	40292	24.27	11.08	38.80	24.77
1996	70320	12570	9625	48125	17.34	26.76	-1.01	19.44
1997	78487	14363	10282	53842	11.61	14.26	6.83	11.88
1998	83379	15120	11216	57043	6.23	5.27	9.08	5.95
1999	88888	16089	13067	59733	6.61	6.41	16.50	4.72
2000	98523	14314	17670	66539				
2001	108771	16324	20582	71865	10.40	14.04	16.48	8.00
2002	120170	19506	23241	77423	10.48	19.49	12.92	7.73
2003	136421	21947	27206	87268	13.52	12.51	17.06	12.72
2004	161349	26518	36322	98509	18.27	20.83	33.51	12.88
2005	185572	32574	40089	112910	15.01	22.84	10.37	14.62
2006	218142	39725	46991	131426	17.55	21.95	17.22	16.40
2007	269243	51192	59492	158559	23.43	28.87	26.60	20.65
2008	319027	60544	72557	185926	18.49	18.27	21.96	17.26
2009	342482	62603	72577	207302	7.35	3.40	0.03	11.50
2010	402514	74116	85276	243122	17.53	18.39	17.50	17.28
2011	470145	90203	94170	285773	16.80	21.71	10.43	17.54
2012	518432	101301	95731	321399	10.27	12.30	1.66	12.47
2013	582657	110376	115168	357113	12.39	8.96	20.30	11.11

数据来源：1992—2011 年数据来自魏众（2015），此后的数据由笔者根据《中国统计年鉴》提供的资金流量表自行计算。

对初次分配进行再分配的目的是将收入再次分配，均衡政府、企业和居民三大主体之间的分配。基于统计制度的差异，我们依然分别对1992—1999年期间和2000—2013年期间的再分配格局进行讨论。在1992—1999年期间，政府部门的可支配收入占比在1992—1997年期间呈现先下降再上升的趋势，1995年成为其转折点，此后1998年和1999年的比重基本保持在1997年的水平上。1992—1997年期间企业部门的可支配收入占比处于持续的下降过程，尽管在1995年出现了一次上升。此后，企业部门的占比在1998年和1999年表现为上升趋势。在政府部门和企业部门此消彼长的过程中，除了1993年之外，居民部门在可支配收入中的比重基本维持稳定。

2000—2013年期间，各部门占可支配收入的比重同1992—1999年期间存在迥然不同。在2000—2007年期间政府部门占可支配收入的比重不断提高，从2000年的14.53%一直上升至2007年的19.01%，上升了4.5个百分点。2008年、2009年出现小幅下降，此后又出现小幅上升，2011年甚至超过了2007年的最高点，2012年则进一步上升至19.54%。企业部门在2000—2004年期间占可支配收入的比重持续上升，从2000年的17.49%上升至2004年的22.51%，此后2005年和2006年出现小幅回落，2007年和2008年则继续上升，2008年的比重达到了22.74%，此后企业部门占可支配收入的比重则出现了下降趋势。与政府部门和企业部门普遍上升的趋势不同，居民部门占可支配收入的比重在2000—2008年则持续下降，从2000年的67.54%一路持续下降至2008年的58.28%，2009年开始居民部门的占比转为上升趋势。

2008年之后政府、企业和居民部门占可支配收入比重的变化，主要出现在企业部门和居民部门。在政府部门占比依然保持小幅上升的情况下，居民部门占比的上升则来自企业部门占比的下降。这与初次分配的变动趋势基本一致。

表3—4　　　　政府、企业、居民部门占可支配收入的比重　　　单位:%

年度	政府	企业	住户部门	合计
1992	19.96	11.70	68.34	100
1993	19.65	15.73	64.62	100
1994	18.51	14.53	66.96	100
1995	16.55	16.22	67.23	100
1996	17.88	13.69	68.44	100
1997	18.30	13.10	68.60	100
1998	18.13	13.45	68.41	100
1999	18.10	14.70	67.20	100
2000	14.53	17.94	67.54	100
2001	15.01	18.92	66.07	100
2002	16.23	19.34	64.43	100
2003	16.09	19.94	63.97	100
2004	16.43	22.51	61.05	100
2005	17.55	21.60	60.84	100
2006	18.21	21.54	60.25	100
2007	19.01	22.10	58.89	100
2008	18.98	22.74	58.28	100
2009	18.28	21.19	60.53	100
2010	18.41	21.19	60.40	100
2011	19.19	20.03	60.78	100
2012	19.54	18.47	61.99	100
2013	18.94	19.77	61.29	100

数据来源：1992—2011年数据来自魏众（2015），此后的数据由笔者根据《中国统计年鉴》提供的资金流量表自行计算。

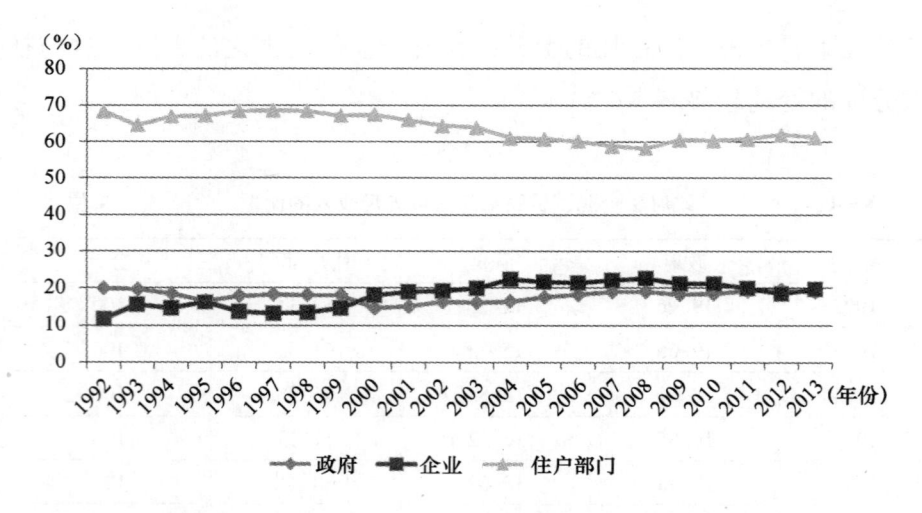

图3—8 政府、企业、居民部门占可支配收入比重的趋势

以下对再分配过程中的调整方向和力度进行分析。将三大主体部门在可支配收入中的比重减去其在初次分配中的比重，可以显示出再分配过程中利益分配的情况（见表3—5）。首先，再分配过程对各主体收入分配份额的影响并不大，基本在4个百分点之内，只有少量调整超过4个百分点。这说明，中国的收入分配格局主要是由初次分配格局决定的，再分配对分配格局的影响十分有限。其次，在再分配过程中，企业部门在可支配收入中的比重均低于其在初次分配中的比重，但是政府部门和居民部门在分配过程中的获益情况在两个阶段存在明显差异。1992—1999年期间，政府只在1992年和1993年从再分配中获得了更多的收益，扩大了自己的份额，但是此后1994—1999年期间均是居民部门从再分配中获得了较多的收益。也就是说，再分配过程是向居民部门倾斜的。然而，2000—2013年期间，再分配过程中的利益分配却与此完全不同。在此期间，不仅企业部门成为再分配过程中的受损方，居民部门甚至也成为再分配过程中的受损方。

表 3—5　　　　　　　　再分配调整的方向和力度

年度	政府	企业	居民
1992	3.39	-5.67	2.28
1993	2.36	-4.37	2.01
1994	1.43	-3.24	1.81
1995	1.33	-3.31	1.98
1996	0.77	-3.71	2.95
1997	1.22	-3.8	2.58
1998	0.39	-2.74	2.35
1999	0.95	-3.11	2.15
2000	1.40	-1.78	0.39
2001	2.34	-2.48	0.14
2002	2.29	-2.23	-0.06
2003	2.47	-2.34	-0.12
2004	2.69	-2.61	-0.09
2005	3.35	-2.92	-0.44
2006	3.68	-3.2	-0.48
2007	4.27	-3.55	-0.72
2008	4.25	-3.87	-0.38
2009	3.70	-3.54	-0.16
2010	3.42	-3.32	-0.10
2011	3.81	-3.92	0.11
2012	3.91	-4.26	0.34
2013	3.73	-4.36	0.63

数据来源：1992—2011 年数据来自魏众（2015），此后的数据由笔者根据《中国统计年鉴》提供的资金流量表自行计算。

直至2011年居民部门才再次转为受益方。这反映出在再分配的过程中，政府部门通过其在再分配过程中的主导地位为自己谋取了更多收益，侵占了居民部门的收益。即使2011—2013年居民部门也从再分配过程中获益，但是居民部门获得的收益仅是政府部门获益的九牛一毛。

三 劳动报酬占国民收入比重的变化

政府、企业和居民部门均包括劳动报酬支出，由此共同构成了居民部门的劳动者报酬收入。本部分分别对劳动报酬占GDP的比重，以及各主体中劳动报酬的占比进行计算（见表3—6）。

1992—2000年期间，劳动报酬占GDP的比重大约在52%，2000年以后劳动报酬呈下降趋势，2011年达到最低点47.30%，2012年大幅提高，恢复至2006年的水平，扭转了劳动报酬持续下降的势头。然而值得注意的是，各主体中劳动报酬的占比却存在不同的趋势。在政府部门，1992—1999年，劳动报酬占政府部门增加值的比重大约在75%。2000年以后政府部门中劳动报酬占比则相对具有较大幅度的提高。这与劳动报酬占GDP比重持续下降的趋势相悖。可以说，政府部门劳动报酬占比的增加在一定程度上抵消了劳动报酬占GDP比重下降的趋势。然而，同时也反映出政府部门公务员收入相对高企。近年来的公务员热则是对公务员工资比较高的有力佐证。1992—1999年，企业部门中劳动报酬占比一直处于小幅波动的状态，总体来看基本围绕40%上下波动，1994—1997年呈现持续上涨的趋势，1998年和1999年又再次回落至1994年的水平。与政府部门劳动报酬占比不断提高相反的是，企业部门劳动报酬占增加值的比重在2000—2008

年期间表现为持续的下降。从2000年的44.89%一直降至2008年的35.58%，下降了近10个百分点，2009年出现回升，但此后再次进入下降趋势，在2013年有所提高。在两个不同的时段，居民部门中劳动报酬比重都维持在一个相对稳定的水平上，没有出现持续的上升或者是下降。1992—1999年期间，除了1998年和1999年两年外，居民部门中劳动报酬比重基本上维持在39%的水平上；2000—2012年期间，居民部门中劳动报酬比重基本上在36%左右；2013年却出现了下降，成为2000年以来的最低点，仅有33.92%。

从国际比较来看，美国、日本、英国劳动报酬比重均呈现上升趋势，而中国的劳动报酬比重则呈现出相反的变动趋势①。虽然劳动报酬占GDP的比重在2012年和2013年出现了上升，但是由于数据的限制，我们并不能判断劳动报酬的占比将会持续提高。另外，从劳动报酬占比的数值来看，中国劳动报酬占比则处于较低的水平。美国、日本、英国在处于中国目前的相近发展阶段时，住户部门在初次分配中的比重均高于中国。例如，1929年美国居民部门在初次分配中的比重为81.08%。尽管这一比重在后来有所降低，但直到1965年还达到了75.50%。日本在1955—1975年，居民部门在初次分配中的平均比重高达81.78%。相比之下，尽管"十二五"以来居民部门在初次分配中的份额有所增长，中国居民部门在初次分配中的份额并不高，2012年其份额仅为61.65%。劳动报酬是居民部门收入最主要的来源，通过居民部门收入占比的比较我们可以推断，中国劳动报酬占GDP的比重要低于发达国家的水平。

---

① 谢攀、李文溥、龚敏：《经济发展与国民收入分配格局变化：国际比较》，《财贸研究》2014年第3期。

表 3—6　　　　各部门和 GDP 中劳动报酬的比重　　　　单位:%

年度	劳动报酬占 GDP 的比重	政府	企业	居民
1992	54.43	62.48	42.06	39.04
1993	51.44	76.00	38.42	38.23
1994	52.27	77.01	40.59	39.08
1995	53.54	75.00	41.35	38.13
1996	52.74	77.98	42.81	38.49
1997	53.35	70.48	43.10	38.81
1998	53.15	73.49	40.93	40.28
1999	53.03	78.70	40.13	40.83
2000	53.03	83.69	44.89	36.63
2001	52.89	82.44	42.99	35.98
2002	53.68	88.39	42.62	35.69
2003	52.58	85.28	41.94	35.86
2004	50.17	88.35	38.21	36.62
2005	50.19	88.18	38.15	36.74
2006	48.76	84.56	36.98	36.81
2007	47.51	83.61	35.84	36.44
2008	47.18	84.93	35.58	36.36
2009	48.75	80.47	36.62	36.05
2010	47.40	85.14	35.85	35.90
2011	47.30	85.23	35.58	36.14
2012	49.49	86.05	38.31	36.51
2013	51.31	87.13	39.82	33.92

数据来源：1992—2011 年数据来自魏众（2015），此后的数据由笔者根据《中国统计年鉴》提供的资金流量表自行计算。另外，1992 年政府部门中劳动报酬占比的数据由笔者根据 1999 年《中国统计年鉴》提供的 1992 年的资金流量表自行计算。

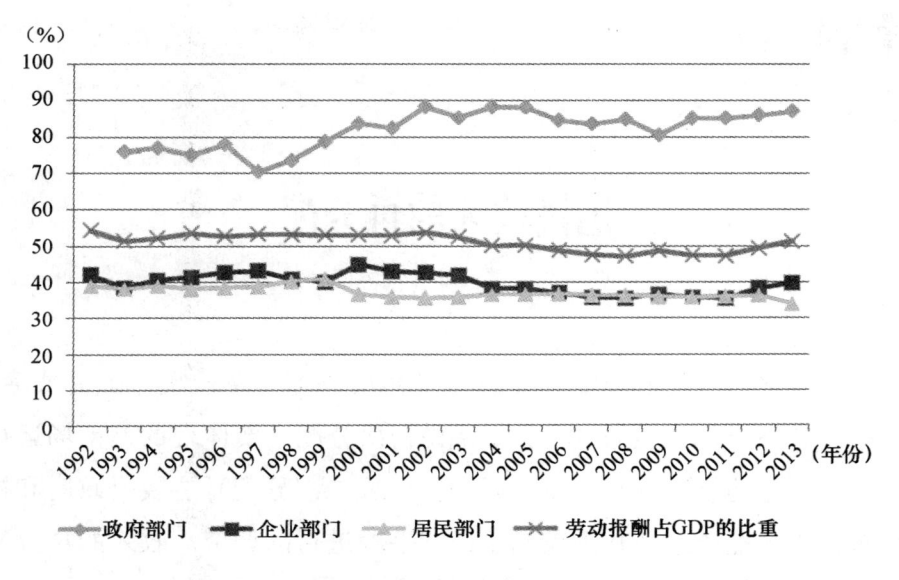

图3—9 各部门和GDP中劳动报酬占比的变动趋势

第四章

国民收入的再分配

宏观格局的收入分配主要着重于初次分配。在初次分配完成后,一般还有一个再分配的过程。如果说初次分配主要体现的是市场运行的结果,是功能性分配,那么再分配(或二次分配)主要是政府和社会对初次分配通过公共手段或非经济手段进行的调节。收入的再分配是实现社会公平的主要途径,是社会主义市场经济的重要组成部分。中国自改革开放以来,特别是确立社会主义市场经济体制的框架以来,收入再分配力度不断加大,已成为维护社会正义的主要政策手段。本章首先对收入再分配的概念、内涵、必要性、主要政策手段等进行分析;然后分别从税收、公共财政、社会保障三个主要方面对中国收入再分配的状况、问题进行分析。

◇ 第一节 收入再分配及其政策框架

一 马克思主义经济学中的国民收入再分配

收入的再分配(Redistribution of Income)在不同的经济学语境中的含义存在差别:在传统的马克思主义政治经济学中,再分配指的是国民收入的再分配。在传统马克思主义政治经济学教科书中，[1] 国民收入是社会总产品（C+V+M）中扣除掉消耗掉的生产资料价值后，当年新创造的价值，它等于"V+M"部分。在国民收入的定义中，仅包括物质生产部门劳动者创造的新价值，服务业部门、政府管理、社会服务等部门不创造新的价值，因此，从物质生产部门向这些部门的转移也被纳入再分配的范围中。

在比较流行的马克思主义政治经济学教科书中[2]，之所以需要国民收入的再分配，主要归结为如下几个理由：第一，物质生产部门向非物质生产部门的收入转移。非物质生产部门虽然不生产价值，但是却是价值实现及社会发展所必需的。第二，国家用以调控国民经济综合平衡的工具。第三，社会建立的社会保障基金，应对各种社会风险，以及为居民提供社会福利和公共服务所需的资金。

与之相对应，国家用于收入再分配的政策工具主要包括：第一，劳务费用和公共财政，通过生产部门生产者向非物质生产部门（服务部门等）支付的劳务费用在物质生产部门和非物质生产部门之间进行再分配；通过公共财政实现物质生产部门国民收入向公共部门、行政部门的再分配。第二，国家的经济建设支出，主要表现为政府在经济领域的直接投资。这与传统上对社会主义的国家责任的界定有关。特别是在苏联式的计划经济社会主义下，国家负有当然的经济建设的责任，代表全民管理全民所有制的资产。第三，通过财政或社会保险基

---

[1] 在苏联社会主义建设初期，曾有人认为只有在阶级对抗的社会中才有国民收入的再分配，否认社会主义社会中存在着再分配。但后来的传统的马克思主义政治经济学教科书中还是承认了国民收入的再分配。见柳谷岗《关于国民收入的初次分配和再分配的一些问题——1957年苏联讨论情况概述》，《经济研究》1958年第3期。

[2] 逄锦聚等主编：《政治经济学（第三版）》，高等教育出版社2007年版；宋涛主编：《政治经济学教程（第八版）》，中国人民大学出版社2008年版。

金进行的转移支付,"政府把收入从一个人或一个组织转移到另一个人或另一个组织,并没有相应的产品或劳务交换的发生"。① 这种转移支付在传统马克思主义政治经济学框架中,一般被定义为社会风险基金,或"为丧失劳动能力的人等等设立的基金"。②

二 西方经济学中的收入再分配

西方经济学对收入分配和收入再分配的分析框架与马克思主义政治经济学有很大的差别。收入分配在西方经济学框架中一开始就被定义为按要素和按贡献分配:新生产出来的产品(和服务)按照劳动、土地、资本在其中的贡献进行分配,这是初次分配。在初次分配之后,形成居民个人的收入分配。在此基础上,政府或社会通过税收、公共财政支出、社会保障、社会福利、慈善捐助等强制性或非强制性的手段,将一些人的收入转移到另一部分人身上。③

对于收入再分配政策的理论依据,西方经济学的主要观点:一是实现收入正义和社会平等,在一定的社会福利函数下,收入的再分配能够提高社会总福利。二是效率观点,认为较为公平的收入分配状况能够提高整体的社会生产效率。三是认为在一个选票民主的社会中,收入再分配的政策取向是选票在不同选民中的分布以及中间投票人的

---

① 逄锦聚等主编:《政治经济学(第三版)》,高等教育出版社2007年版,第289页。
② 《哥达纲领批判》,中共中央马恩列斯著作编译局译,人民出版社1965年版,第12页。
③ 约翰·伊特韦尔、默里·密尔盖特、彼得·纽曼编:《新帕尔格雷夫经济学大辞典》,经济科学出版社1996年版,第116—118页。

偏好决定的①。

西方经济学中收入再分配的政策手段与马克思主义经济学不同，主要区别在于：首先，西方经济学的国民收入（国内生产总值或国民生产总值，GDP 或 GNP）与马克思主义政治经济学对国民收入的界定本就不同。在西方经济学中，服务包括政府的管理服务等都是新产生的价值，不存在物质生产部门向服务部门的再分配。其次，西方经济学对国家责任的界定不同。传统西方经济学（凯恩斯之前），政府是"守夜人"式的政府，不主动干预经济运行，因此也就没有通过政府的经济建设支出进行再分配。凯恩斯之后，虽然西方主要国家的政府开始主动干预经济运行，但仍然是以生产资料的私有制为基础，政府通过对经济干预进行再分配很微弱。

西方经济学与马克思主义政治经济学在收入再分配上相同的地方主要是通过税收、公共财政以及社会保障项目的转移支付进行的收入再分配。在中国确定社会主义市场经济体制框架后，这方面的收入再分配政策得到了加强，并成为实现共同富裕、共享经济目标的主要政策手段。

三 中国收入再分配政策的变迁

在计划经济时期，中国的收入再分配政策秉承苏联计划经济时期的模式，以转移支付为主的个人收入再分配很少，收入再分配主要集中在国家的经济建设方面以及物质生产部门向非物质生产部门的再分配。即使在改革开放之后，一直到20世纪90年代初期，以个人收入

---

① Meltzer, A. H. and S. F. Richard, "A Rational Theory of the Size of Government", *Journal of Political Economy*, 1981, 89, 914-927.

再分配为主的再分配政策也不明显。这与计划经济条件下个人收入比较均等、收入差距不明显有关，但更主要的原因还是在于在计划经济条件下，税收、公共财政、社会保障等现代市场经济的再分配手段已经嵌入初次分配和宏观分配格局中了，并不是一个独立的政策领域。例如，在计划经济时代直至20世纪80年代初期中国并没有个人所得税的税种，也没有独立的社会保险基金。

随着社会主义市场经济体制的确立，适应现代市场经济的税收体制、现代公共财政体制以及社会保障制度等开始建立，为现代收入再分配政策的实施提供了条件；另一方面，改革开放以来居民收入分配状况的恶化也要求政府加大收入再分配的力度。十四大、十四届三中全会《关于建立社会主义市场经济体制的决定》以及十五大报告虽然没有明确提收入再分配，但已经在几个方面明确了相关的再分配政策：一是要求通过税收政策来调整收入差距，"逐步建立个人收入应税申报制度，依法强化征管个人所得税，适时开征遗产税和赠与税。要通过分配政策和税收调节，避免由于少数人收入畸高形成两极分化"，[①] "调节过高收入，完善个人所得税制，开征遗产税等新税种"。[②] 二是要建立统筹与个人账户相结合的社会保障制度，"建立多层次的社会保障体系，……社会保障体系包括社会保险、社会救济、社会福利、优抚安置和社会互助、个人储蓄积累保障"。[③] 这两个方面实际上已经将主要的再分配政策涵盖在内了。

[①] 《中共中央关于建立社会主义市场经济体制的决定》，十四届三中全会，1993年。

[②] 十五大报告，1997年。

[③] 《中共中央关于建立社会主义市场经济体制的决定》，十四届三中全会，1993年。

中共十六大报告中明确提出了再分配的概念，要求初次分配注重效率，"再分配注重公平，加强政府对收入分配的调节职能，调节差距过大的收入"。[1] 在十七大报告中，要求"初次分配和再分配都要处理好效率和公平的关系，再分配更加注重公平"。[2] 十八大报告和十八届三中全会对收入再分配的表述更为完整且条理清晰，可以说提出了现代社会主义市场经济下收入再分配政策的基本框架："加快健全以税收、社会保障、转移支付为主要手段的再分配调节机制"，[3] "完善以税收、社会保障、转移支付为主要手段的再分配调节机制，加大税收调节力度。建立公共资源出让收益合理共享机制。完善慈善捐助减免税制度，支持慈善事业发挥扶贫济困积极作用"。[4]

根据前文的分析，以及十八届三中全会收入再分配政策的框架，本文分如下几个方面对中国近年来收入再分配的政策、政策效果以及存在的问题等进行分析：一是税收的收入再分配效应；二是公共服务与公共产品的供给；三是社会保障制度改革；四是扶贫政策。当然，收入再分配还应包括社会自发的转移支付，比如慈善捐助等，但本文主要关注与政府相关的收入再分配政策，对此不作分析。

◇◇第二节　税收与收入再分配

政府是现代市场经济中进行收入再分配的主体。政府用于收入再

---

[1] 十六大报告，2002 年。
[2] 十七大报告，2007 年。
[3] 十八大报告，2012 年。
[4] 《中共中央关于全面深化改革若干重大问题的决定》，2013 年。

分配的主要政策手段是公共财政，包括税收和公共支出两个方面。本小节主要讨论税收的收入再分配效应，以及当前中国税制结构对收入分配的影响。

一 税收与收入再分配

税收是现代政府的主要职能之一，是政府运转的主要财政来源。对于经济体的运行而言，税收的主要作用：一是作为财政政策的主要手段，平衡宏观经济运行；二是通过基础设施和公共物品、公共服务的提供对资源进行配置；三是再分配作用，政府通过不同的税制结构和税率实现收入的转移[①]。

不同税制结构再分配效应不同，一般而言，以收入税、财产税为主的直接税（direct tax）的收入再分配效应最强，多实行累进税率，从而再分配效应更为明显；以营业税、商品税、增值税为主的间接税（indirect tax）的收入再分配效应较弱。税收虽然能实现收入再分配的平等目标，但是由于税收扭曲了市场结构，因此必然带来效率损失。西方经济学中对最优税制理论的研究认为可以设计一种"中性税收"（neutral tax）在实现收入的转移支付的同时不对市场结构和生产结构产生扭曲。但要实现这种所谓的"中性税收"，理论上的假设条件过于严格，比如要求完全自由市场经济，而这在现实中是不可能实现的。[②] 大量实证研究也表明，在现实世界中政府不可能毫无代价地筹集到所需要的收入，而这种代价主要是税收在干扰资源配置时产生

---

① Musgrave, R. A., *The Theory of Public Finance*, New York: McGraw–Hill, 1959.
② Rothbard, M. N., *Power and Market: Government and the Economy* (Fourth Edition), Alabama: Ludwig von Mises Institute, 2006, p. 108.

的经济效率损失①。在不同的税制结构之间往往面临"平等—效率"之间的权衡。实证研究也表明,间接税替代直接税往往会恶化收入分配状况但会提高经济效率,直接税替代间接税则会缩小收入分配差距但会降低经济效率②。

使用税收作为收入再分配的政策手段,除了考虑上述对资源配置的扭曲以及"平等—效率"之间的权衡问题外,还需要考虑不同税种的征缴成本和管理成本问题。虽然所得税、财产税等直接税的收入再分配效应更强,但是直接税的征收对政府管理能力、征缴能力的要求更高。比如对个人所得税和财产税的征收,不仅要求政府充分掌握居民的收入和财产信息,有完整的居民个人收入记录,而且还要求能够对大量的实物收入进行征收,对不同赡养负担的家庭设计不同的扣减比例等。从当前各国不同的税制结构看,发达国家的直接税占比较高,发展中国家的间接税占比较高。直接税占全部税收收入的比重,在发达国家为30%,在中等收入国家为20%,在低收入国家只有17%。③

二 中国税制的演变及主要特征

1949年新中国成立后到1956年基本完成社会主义改造后,中国在城市基本实现了生产资料的公有制,并初步建立了以行政性管理为

---

① 陈青松:《西方最优税收理论对我国税制设计的启示》,《财经研究》2003年第1期。

② 杨巨:《国外税收结构的收入分配效应研究新进展》,《上海经济研究》2012年第2期。

③ IMF, Fiscal Policy and Income Inequality, IMF Policy Paper, Washington, D. C., 2014, http://www.imf.org/external/pp/ppindex.aspx.

特征的计划经济体制。企业成为政府的一个"生产车间",在财务制度上实行统收统支,失去了作为纳税主体的功能。在理论界也出现了"非税论",认为社会主义制度建成后,公有制内部分配关系不需要税收。[①] 因此,1956—1978年中国的财政收入主要来自国有企业和集体企业上缴的利润,税种也仅剩下工商税、工商所得税等为数不多的几种。1956—1978年,历年税收收入占全部财政收入的比重大致都在50%以下,最低的年份只有35.6%(1960年),这些年总计的税收收入占财政收入的比重也只有45.9%(见图4—1)。税收基本失去了对经济运行的调节功能,也失去了收入再分配的功能。

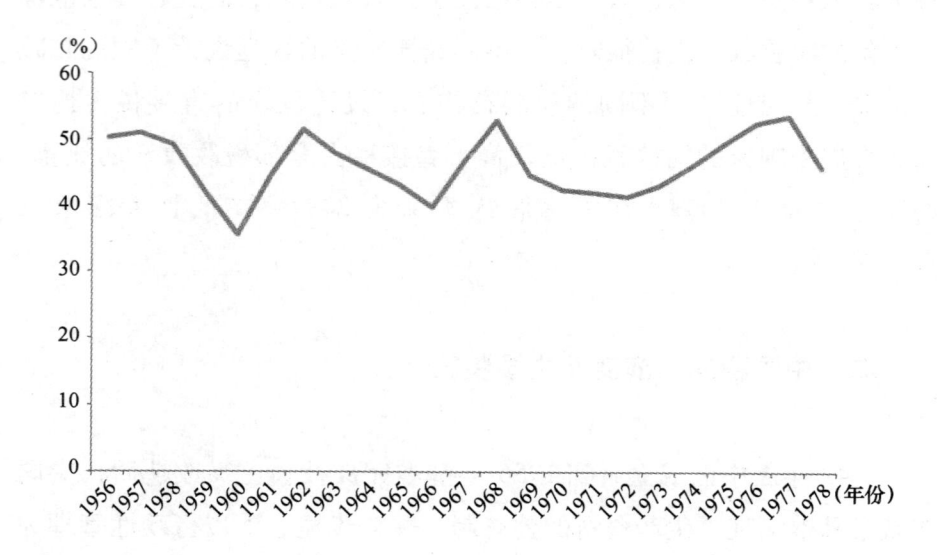

图4—1 税收收入占财政收入的比重(1956—1978年)

数据来源:《新中国60年统计资料汇编》。

[①] 贾康、赵全厚:《中国经济改革30年:财政税收卷》,重庆大学出版社2008年版,第34页。

1978年改革开放之后到1993年，随着国有企业改革以及多种经济成分的出现，特别是外资企业以及外资企业从业人员的大量出现，中国适应商品经济的税收体制开始逐渐建立起来。一是对国有企业的"利改税"改革，当时的国营企业上缴的利润改为缴纳企业所得税；二是针对外资企业和外企从业人员的涉外税制，设立了外资企业和合资企业的所得税，以及个人所得税[①]。税收开始成为中国财政收入的主要来源。税收占财政收入的比重，从1980年的49.3%快速上升，到1993年这一比重上升到97.8%。十四大及十四届三中全会上中国确立了社会主义市场经济体制的改革目标。在此基础上，中国于1994年开始的分税制改革确立了以流转税与所得税双主体为主体的多税种、多层次征收的复合税制体系。[②]

从中国的税收体系来看，主要有如下几个特征：一是虽然在税制上流转税、所得税双主体并重，但在税收收入的结构上，却以间接税，特别是流转税中的增值税为主。从1999年到2014年包括增值税、营业税、消费税和关税的间接税收入占全部税收收入的比例虽然有所下降，但仍然超过50%（见表4—1）。这其中增值税是独一无二的主要税收来源。增值税的收入就占到了全部税收收入的20%—30%。近几年增值税收入占比虽然有所下降，但仍占到了全部税收的1/4以上。

第二，以收入税和财产税为主的直接税占比少。中国的所得税主要是个人所得税和企业所得税。这两个所得税税种占全部税收的比重还不到30%，而这其中主要是企业所得税。收入再分配效应最明显的个人所得税近年来一直维持在5%—7%，变动不大。近年来所得税占

---

① 邓子基：《新中国60年税制改革的成就与展望》，《税务研究》2009年第10期。
② 同上。

比的上升主要是企业所得税上升（见表4—1）。

表4—1　中国历年主要税种占全部税收收入的比重（1999—2014）　　单位：%

年份	主要流转税	其中				所得税	其中	
		增值税	营业税	消费税	关税		个人	企业
1999	64.9	36.3	15.6	7.7	5.3	11.5	3.9	7.6
2000	63.8	36.2	14.9	6.8	6.0	13.2	5.2	7.9
2001	60.1	35.0	13.5	6.1	5.5	23.7	6.5	17.2
2002	58.9	35.0	13.9	5.9	4.0	24.4	6.9	17.5
2003	60.9	36.2	14.2	5.9	4.6	21.7	7.1	14.6
2004	62.7	37.3	14.8	6.2	4.3	23.6	7.2	16.4
2005	61.6	37.5	14.7	5.7	3.7	25.8	7.3	18.6
2006	60.2	36.7	14.7	5.4	3.3	27.3	7.1	20.2
2007	56.3	33.9	14.4	4.8	3.1	26.2	7.0	19.2
2008	55.3	33.2	14.1	4.7	3.3	27.5	6.9	20.6
2009	56.7	31.0	15.1	8.0	2.5	26.0	6.6	19.4
2010	55.1	28.8	15.2	8.3	2.8	24.2	6.6	17.5
2011	52.9	27.0	15.2	7.7	2.9	25.4	6.7	18.7
2012	52.5	26.3	15.7	7.8	2.8	25.3	5.8	19.5
2013	51.5	26.1	15.6	7.4	2.4	26.2	5.9	20.3
2014	50.7	25.9	14.9	7.5	2.4	26.9	6.2	20.7

注：表中为六种主要税种的数据；其他税种未包含。

数据来源：历年《中国统计年鉴》。

第三，财产税比重太小，一些收入再分配效应明显的税种，比如遗产税还未开征。目前中国的财产税包括五项：城镇土地使用税、土地增值税、房产税、契税、车船税。虽然近些年财产税收入占税收收入的比重上升，从2007年的5.8%上升到2014年的10.3%，但是税收的结构不合理，主要来自土地增值税的快速增加，从2007年的不到1%快速上升到2014年的3.3%（见图4—2）。财产税中的第二大税种是契税，比重在3.4%（2014年）。这两项就占去了财产税的大头。

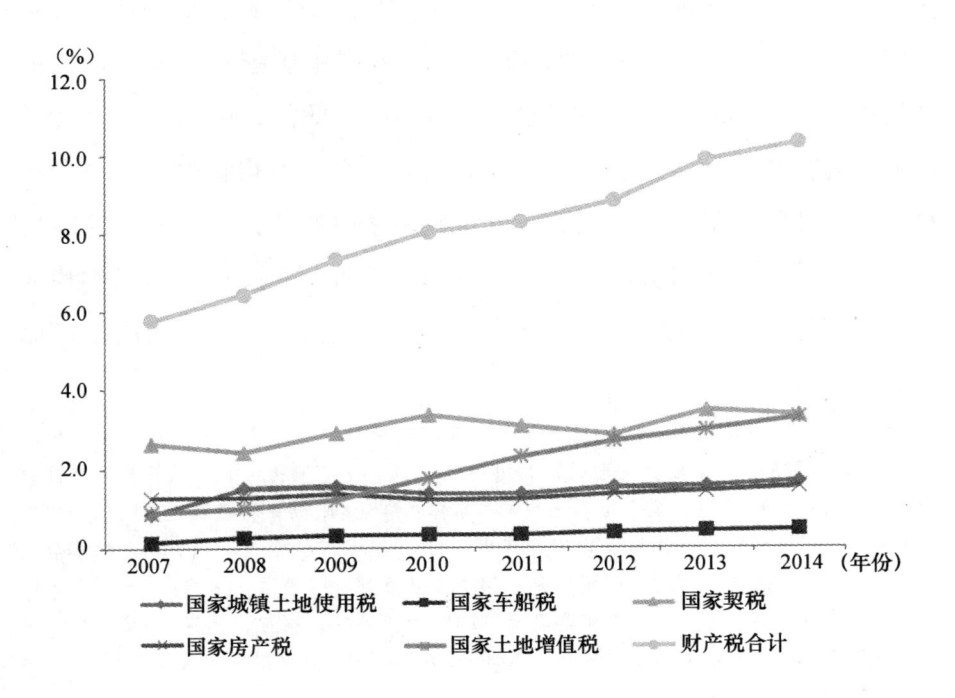

图4—2 中国各项财产税收入占国家税收收入比例（2007—2014）

数据来源：历年《中国统计年鉴》。

三 中国税收的收入再分配效应

税收作为收入再分配的主要政策工具，在理论上具有很强的缩小收入差距的效应，特别是累进性很强的所得税。从对中国税收体系的收入再分配的实证研究结果来看，中国的税收体系总体上的收入再分配效应很弱，且一些税种带有明显的逆向再分配效应。

累进性的收入所得税是一般认为的收入再分配效应最明显的税种，但是中国的收入所得税在收入再分配方面的效应却很微弱[1]，甚至一些研究指出中国的个人所得税不存在改善收入分配状况的效应。[2] 实际上，个人收入所得税有限的收入再分配效应，在其他一些发展中国家也存在[3]。这其中最主要的原因，是发展中国家相对发育落后的市场以及落后的政府监管和税收征缴能力[4]。此外，中国广泛存在的巨大的隐性收入和灰色收入，也明显弱化了个人所得税的收入再分配功能，并使得一般工薪阶层收入的税负高于财产及其他收入的税负[5]。

间接税的收入再分配效应本就不如直接税。间接税的名义纳税人并不一定是实际纳税人，最终税收归属（tax incidence）取决于商品

---

[1] 杨玉萍：《我国个人所得税的收入再分配效果分析——基于收入构成的视角》，《深圳大学学报》（人文社会科学版）2014年第2期；王志刚：《中国税制的累进性分析》，《税务研究》2008年第9期；王少国、李伟：《再分配机制对城镇居民收入差距调节作用的实证分析》，《经济纵横》2009年第3期；郭晓丽：《个人所得税调节城镇居民收入再分配效应研究》，《财经问题研究》2015年第6期；岳希明、徐静：《我国个人所得税的居民收入分配效应》，《经济学动态》2012年第6期；程莹、吴建：《现阶段我国个人所得税三大功能定位研究——基于2000—2010年省级面板数据的实证分析》，《财经论丛》2012年第5期。

[2] 程莹、吴建：《现阶段我国个人所得税三大功能定位研究——基于2000—2010年省级面板数据的实证分析》，《财经论丛》2012年第5期；杨灿明：《警惕税收对个人收入分配的逆向调节》，《中国社会科学报》2010年7月1日第B3版。

[3] 杨巨：《国外税收结构的收入分配效应研究新进展》，《上海经济研究》2012年第2期。

[4] Bird, M. & Zolt, E. M., "Redistribution via Taxation: The Limited Role of Personal Income Tax in Developing Countries", *UCLA Law Review*, Vol. 52, pp. 1627 - 1696.

[5] 孙静、王亚丽：《税收对我国城乡居民收入的再分配效应研究》，《中南财经政法大学学报》2013年第3期。

的需求弹性。以增值税为主的流转税体制下，低收入者消费商品的需求弹性较低，承担的最终税收较多，而高收入者在消费方面的可选择性较大，总的需求弹性较高，因此承担的最终税收较低。这使得中国以间接税为主的税收体系进一步恶化了收入分配状况①。

其他税种方面，比如资源税、消费税、财产税方面，其收入再分配效应也不显著，有些还恶化了收入再分配状况②。特别是在财产税方面，中国财产分配的不平等程度远高于收入分配的不平等程度，已成为中国分配格局中的一个重要问题。在过去十几年间中国的财产差距急剧扩大，2002—2010 年中国居民财产分配的基尼系数，农村从 0.45 上升到 0.71，城市从 0.45 上升到 0.66，全国财产分配的基尼系数则从 0.54 上升到 0.73③。其中，因为房地产价格的膨胀而导致的财产分配不公起了主要的作用。但是，中国的财产税不仅占比少，而且一些重要的税种，比如物业税、遗产税、赠与税等虽然讨论了很长时间，但仍未出台。

四 收入再分配中的税收政策

计划经济时期，一方面中国的税收发挥作用的空间小，税收收入低，税种少，税收在整个计划经济运行中处于无足轻重的地位，另一方面计划经济下一切经济活动，包括个人收入都受行政部门的严格计

---

① 刘怡、聂海峰：《间接税负担对收入分配的影响分析》，《经济研究》2004 年第 5 期。

② 李绍荣、耿莹：《中国的税收结构、经济增长与收入分配》，《经济研究》2005 年第 5 期；张斌：《税收制度与收入再分配》，《税务研究》2006 年第 8 期。

③ 李实：《中国财产分配差距与再分配政策选择》，《经济体制改革》2015 年第 1 期。

划管制，因此并没有关于税收调节收入分配的政策要求。将税收作为收入再分配的政策手段明确提出来的，是十四届三中全会，提出"要通过分配政策和税收调节，避免由于少数人收入畸高形成两极分化"，同时要"逐步建立个人收入应税申报制度，依法强化征管个人所得税，适时开征遗产税和赠与税"。[①]

在此后的历次中央关于收入分配的政策阐述中，税收都被作为一个重要的手段提出来。十八届三中全会进一步要求"加大税收调节力度"。[②] 在"十三五"规划纲要中，对税收调节收入分配的政策进行了进一步地具体和明确阐述，一是"加快建立综合和分类相结合的个人所得税制度"，二是"将一些高档消费品和高消费行为纳入消费税征收范围"，三是"完善鼓励回馈社会、扶贫济困的税收政策"。[③]

但是，前文也已经指出，从目前中国税收的收入再分配效应的实证研究看，税收调节收入再分配的作用还没有充分发挥。这其中既有税制设计不合理的问题，比如一些重要的收入再分配效应明显的税种没有出台，流转税的比例过高，也有税收征缴能力和管理水平低下的问题。此外，税收的功能不仅是收入再分配，还有作为财政政策的功能以及为政府筹资的作用。这几个方面的功能需要综合起来考虑。

在目前中国经济发展进入新常态的大背景下，税收作为收入再分配的主要政策，还需要从以下几个方面进行调整：第一，调整税制结构，降低流转税的税率，特别是降低生活必需品的增值税的税率，降低收入阶层的流转税负担。第二，改革财产税制，提高对持有财产的课税，降低对财产流转的课税，特别是在房地产过度膨胀的城市，

---

① 《中共中央关于建立社会主义市场经济体制的决定》，1993年。
② 《中共中央关于全面深化改革若干重大问题的决定》，2013年。
③ 《中华人民共和国国民经济和社会发展第十三个五年规划纲要》，2016年。

尽快开征物业税。尽快出台遗产税和赠与税等新的财产税种。第三，加强税收征管，提高税收征缴能力，特别是完善居民收入、财产的信息统计，加大对隐性收入、灰色收入的课税力度。征管能力低下是发展中国家多采用间接税的主要原因，但是间接税不仅收入再分配效应差，而且对市场的扭曲效应也大。当前中国在税收方面的主要问题之一也是征管能力问题。十八届三中全会提出要提高国家治理能力的现代化，其中很重要的就是政府对经济运行的监控和监管能力。在税收征管方面，当前首先要建立健全居民、政府、企业经济活动的信息系统，充分掌握资金流动信息，为有效监管和征收打下基础。

◇第三节 公共支出收入再分配

一 公共支出的收入再分配效应

财政政策的收入再分配效应包括两个方面，一是从"收"的方面，即具有累进性的税制结构，高收入者多缴纳税收，低收入者少缴纳税收，从而实现调整收入分配的目标；二是从"支"的方面，政府通过各类公共支出向低收入群体进行转移支付，改善收入分配状况。上一节主要分析的是税收的收入再分配效应，本节则分析公共支出和转移支付的收入再分配效应。具有收入再分配效应的财政公共支出，主要包括如下几类：一是现金形式的转移支付，主要是政府财政支持的各类社会救助项目、扶贫项目和救灾等项目支出。① 这类公共支出主要起到"社会安全网"的作用，为低收入群体和陷入贫困群体提供救助。二是公共物品和公共服务的提供。向社会提供各类公共物品和公共服务已成为现代政府的一项重要职能。其中主要包括对公共教育的支出、对医疗卫生的支出和就业保障支出。教育、医疗和就业方面的公共支出虽然没有直接对收入产生影响，但从两个方面对收入分配状况产生间接影响：首先，通过公共服务的提供，直接减少居民在这些服务上的现金支出；而对于低收入家庭而言，通过公共渠道获得这些服务而带来的收入替代效应在理论上高于高收入家庭。其次，这些服务实际上又是人力资本投资，提高居民的收入能力，从长远看是切断贫困代际转移的最主要途径。用在这类物品和服务上的公共支出也成为一些国家财政的主要支出项目。例如政府教育支出，北欧等福利国家的政府教育支出已占到GDP的6%以上（见图4—3）。

相较于税收，公共支出的收入再分配效应更强，且对市场的扭曲效应更小②。研究发现，在OECD国家平均而言社会转移支付（对公共服务的公共支出及社会救助）对收入分配差距（基尼系数）的贡献为75%，而税收只有25%；而且税收对缩小收入差距的贡献自20世纪80年代以来从27%下降到90年代末的24%③（见图4—4）。

---

① 这类项目属于广义的社会保障制度中的社会救助，它不同于社会保障中的社会保险项目：社会保险项目是缴费型社会保障，要求缴费义务与受益对等，没有缴费就不能受益；社会救助项目的资金来自财政支付，不要求义务与权利对等，其原则是需要原则，只要被救助人达到一定条件即可获得。本章下一节所分析的就是社会保险项目的收入再分配效应。

② Prasad, Naren., Policies for Redistribution: The Use of Taxes and Social Transfers, 2008, International Institute for Labour Studies.

③ Mahler, V. A., Jesuit, D. K., "Fiscal Redistribution in the Developed Countries: New Insights from the Luxembourg Income Study", Socio - Economic Review, Vol. 4, No. 3, pp. 483 – 511.

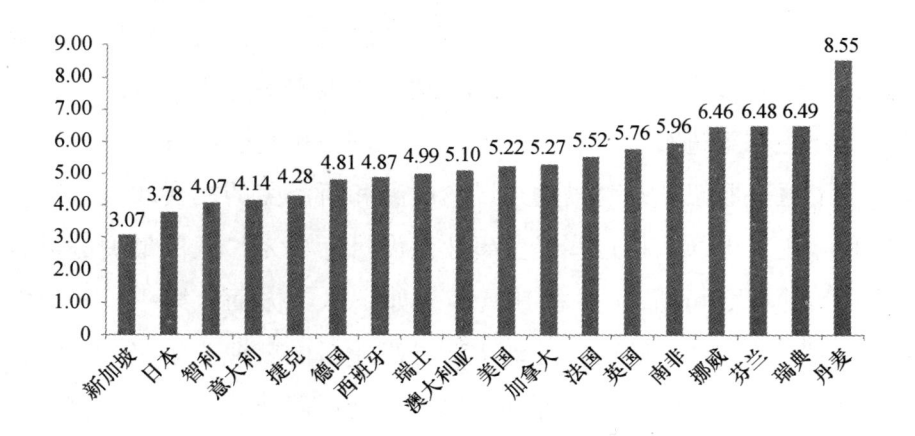

图 4—3 一些国家政府教育支出占 GDP 的比重（%）

数据来源：http：//data. uis. unesco. org/? queryid = 181。

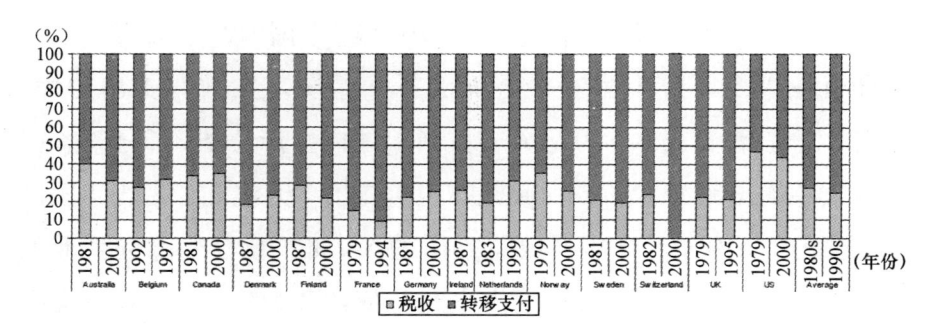

图 4—4 OECD 国家税收和社会转移支付对缩小收入差距的贡献

数据来源：Mahler, V. A., Jesuit, D. K., Fiscal Redistribution in the Developed Countries: New Insights from the Luxembourg Income Study, *Socio - Economic Review*, Vol. 4, No. 3, pp. 483 - 511。

二 中国的公共支出、转移支付与公共品提供

财政的公共支出、转移支付与公共品提供也是中国收入再分配的

主要政策手段。在党的十七大报告中，首次将与公共服务提供、社会保障、转移支付相关的社会政策统一纳入"改善民生为重点的社会建设"这一主题下进行论述；十八大、十八届三中全会和五中全会进一步确定了这一框架，并对民生建设的内涵和所涵盖的社会政策进行了扩展和深化。十八大将这些民生事业建设目标视为"人民最关心最直接最现实的利益问题"，并将其具体为如下六个方面：第一，努力办好人民满意的教育；第二，推动实现更高质量的就业；第三，千方百计增加居民收入；第四，统筹推进城乡社会保障建设；第五，提高人民健康水平；第六，加强和创新社会管理。

在这几个事关居民切身利益的重要民生领域，近年来财政的公共支出增长很快。表4—2给出了2007—2014年中国财政在教育、社会保障和就业以及医疗卫生三个方面的投入情况。在教育支出方面，2014年财政教育支出2.3万亿元，占当年国内生产总值的3.6%，占当年财政总支出的15.2%；财政医疗卫生支出1万亿元，占当年国内生产总值的1.6%，占当年财政总支出的6.7%；社会保障和就业的财政支出1.6万亿元，占当年国内生产总值的2.5%，占财政总支出的10.5%。这三项合计占当年国内生产总值的比重为7.6%，占当年财政总支出的32.4%，即当年财政总支出中接近1/3投入到了教育、医疗卫生和社会保障中。而且这个比例一直在不断上升。2007年这三项支出占财政总支出的比重为29.2%，2014年上升到32.4%。这其中增长比较快的是医疗卫生支出，从占当年财政总支出的4.0%上升到6.7%，增长了2.7个百分点。

表 4—2　　中国财政教育、医疗卫生、社会保障和就业支出情况（2007—2014 年）　　单位：%

	占 GDP 比重				占财政总支出比重			
	教育支出	社会保障和就业支出	医疗卫生支出	教育+社保+卫生支出	教育支出	社会保障和就业支出	医疗卫生支出	教育+社保+卫生支出
2007	2.6	2.0	0.7	5.4	14.3	10.9	4.0	29.2
2008	2.8	2.1	0.9	5.8	14.4	10.9	4.4	29.7
2009	3.0	2.2	1.1	6.3	13.7	10.2	5.2	28.9
2010	3.0	2.2	1.2	6.4	14.0	10.2	5.3	29.5
2011	3.4	2.3	1.3	7.0	15.1	10.2	5.9	31.2
2012	3.9	2.3	1.3	7.6	16.9	10.0	5.8	32.6
2013	3.7	2.4	1.4	7.5	15.7	10.3	5.9	31.9
2014	3.6	2.5	1.6	7.6	15.2	10.5	6.7	32.4

注：表中均为财政支出；财政的社会保障支出主要包括财政支付的对社会保险基金的补助、补充全国社会保障基金支出、行政事业单位离退休费用支出、社会救助支出等，不包括社会保险基金的支出。

数据来源：历年《中国统计年鉴》。

财政公共支出的另一个重要方面是财政的直接转移支付，主要包括两个方面，一是对低收群体的社会救助，主要包括城乡居民的最低生活保障制度和农村的五保制度，以及城乡居民的医疗救助制度；二是对贫困地区的扶贫减贫支出。由财政支付的社会救助属于社会保障体系中的非缴费型的救助政策。与社会保险不同，社会救助秉承的是"需要"原则，即不管是否缴费，只要收入低于一定标准（或其他条件）就可以获得救助。

中国城乡居民的低保平均标准和支出水平近年来都有很大的提高。城市低保标准和平均低保支出水平从 2007 年的 182.4 元/人·月、

102.7元/人·月上升到2015年的451.1元/人·月和316.6元/人·月；农村低保标准和平均低保支出水平从2007年的70.0元/人·月、38.8元/人·月上升到2015年的264.8元/人·月和147.2元/人·月（见图4—5）。① 其他的社会救助项目，包括农村特困人员救助供养、传统救济、医疗救助和临时救助也都全面建立。2014年财政支付到民政部门的社会服务费为4400多亿元，占当年财政总支出的2.90%，其中社会救助是主要部分，占当年社会服务费的一半左右。在社会救助的费用中，城市和农村低保占了大头，二者合计1389.2亿元，其次是医疗救助，也达到了332.4亿元（见表4—3）。

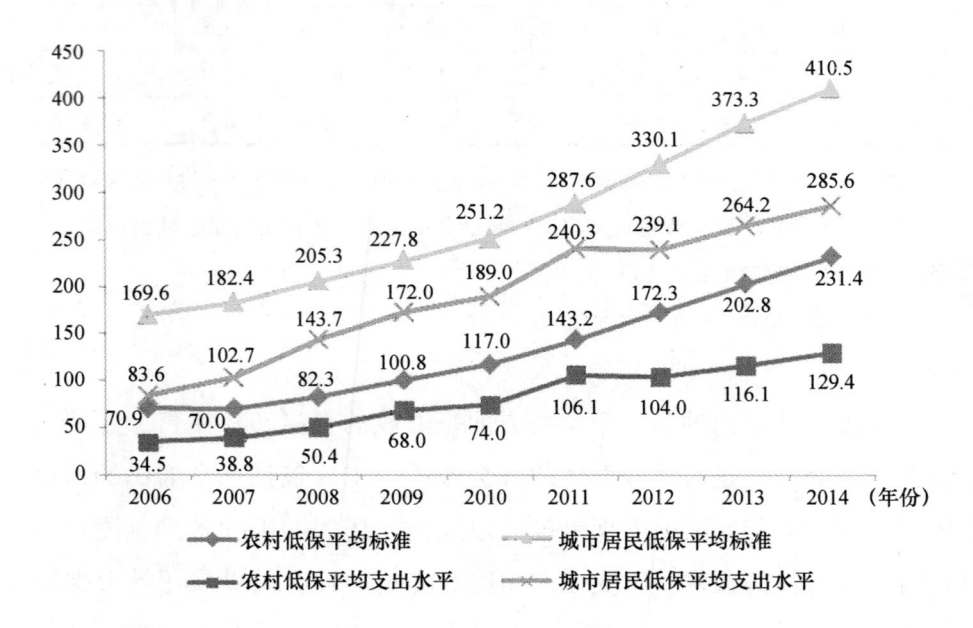

图4—5 中国农村和城市的平均低保标准及低保平均支出水平（单位：元/人·月）

数据来源：《中国民政统计年鉴2015》。

---

① 2015年数据来源于中华人民共和国民政部《2015年社会服务发展统计公报》。

表 4—3　　　　民政事业经费及社会救助费用情况（2014 年）

项目		金额（亿元）	占当年财政总支出比重（%）
社会服务费		4404.1	2.90
	社会救助	2197.5	1.45
	城市低保	518.9	0.34
	农村低保	870.3	0.57
	农村五保	189.8	0.13
	医疗救助	332.4	0.22
	临时救助	57.6	0.04
	其他	228.5	0.15

注：社会服务费即财政拨付到民生部门的费用，主要包括抚恤费、退役安置费、社会福利费、社会救助、自然灾害救济费、地方离退休人员费、其他民政事业费，其中社会救助费为主要部分，占到全部社会服务费的近一半。

数据来源：《中国民政统计年鉴2015》。

三　公共支出的收入再分配效应

理论上讲，财政的公共支出具有正向的收入再分配效应。加大财政的公共支出有助于缩小收入差距，这也成为当前政策分析的主流观点，在各种政策建议中，加大公共支出和转移支付力度成为主要的政策建议之一。但是，公共支出是否在现实中产生正向的收入再分配效应，还依赖于一系列的制度和现实条件，依赖于政策实施的管理水平。这也导致同样的公共支出政策在不同国家的收入再分配效应有很大的差异：发达国家的公共支出再分配效应较为显著，发展中国家公共支出收入再分配效应较弱,甚至有逆向再分配的效应①。

中国用于民生事业发展的财政公共支出在总量上与相同发展阶段的国家和地区相比并不低,增长速度也很快,对缓解贫困、缩小收入差距起到了一定的作用。特别是社会救助项目和扶贫项目,对缩小收入差距起到了正向作用。但是总体来看,其收入再分配效应并不明显,甚至还有逆向再分配的效应,即富人从公共支出中获得的好处超过穷人。这在公共教育支出、政府医疗卫生支出等公共服务方面更为明显②。在公共服务的提供方面,虽然政府的初衷是通过公共服务的提供,为低收入群体提供免费的以及低价格的公共服务。

但是,一方面由于公共服务资源的分布不均衡,例如大型的高等级的医院和高等教育机构主要分布在大城市,另一方面获得这些服务的成本也是低收入群体难以承担的。这就导致大量公共财政资金支持的医疗和教育资源主要被高收入群体获得③。例如在接受高等教育的学生群体中,来自高收入阶层和城市的学生比例远高于来自低收入群体和农村的学生比例。政府对高等教育的投入主要被高收入群体和"优势群体"所获得④。这与公共支出缩小收入差距、向穷人进行转

---

① Lindert, K., Skoufias, E., and Shapiro, J., Redistributing Income to the Poor and the Rich: Public Transfers in Latin America and the Caribbean, SP Discussion Paper No. 0605, The World Bank, 2006.

② 王世杰:《公共财政支出与我国收入分配不平等的相关研究》,《山东经济》2010 年第 5 期;冉光和、潘辉:《政府公共支出的收入分配效应研究——基于 VAR 模型的检验》,《重庆大学学报》(社会科学版) 2009 年第 15 卷第 2 期;王莉:《财政支出公平效应的测度》,《财经论坛》2007 年第 7 期;刘穷志:《公共支出归宿:中国政府公共服务落实到贫困人口手中了吗?》,《管理世界》2007 年第 4 期。

③ 郭振友、陈瑛、张毓辉:《政府卫生补助受益归属分析》,《卫生软科学》2006 年第 2 期。

④ 蒋洪、马国贤、赵海利:《公共高等教育利益归宿的分布及成因》,《财经研究》2002 年第 3 期。

移支付的初衷相违背。在政府支出的医疗卫生服务中，也存在逆向的收入再分配效应，农村地区的不公平程度比城市地区更为严重，且随着经济社会的发展，这种不公平性未见明显改善[①]。当然，教育和医疗还承担其他方面的功能，例如提高人力资本积累等。但是，公共支出的收入再分配效应也值得关注。

◇第四节 社会保险制度与收入再分配

一 社会保险及其再分配效应

广义的社会保障（social security）包括三个部分：一是基于社会成员互助、互济的社会保险（social insurance）。社会保险秉承了保险业的一般原则，要求义务与权利对等的原则，但是不同于商业保险，社会保险具有强制性，符合条件的社会成员必须参加。二是以政府财政拨款为筹资来源的社会救助项目，其特征是获得救助的成员不需要缴费，也无需其他贡献，秉承的是"需要原则"，即只要社会成员满足一定的条件，有"需要"即可获得救助。例如上文所分析的城乡居民最低生活保障制度、医疗救助制度等。社会救助是现代社会的"安全网"，用以保证因各种原因陷入低收入的群体能够获得最基本的物质帮助。三是社会福利项目。社会福利项目的性质与社会保险和社会救助不同，社会福利的目标不是应对风险，也不是对救助弱者，而是为社会成员中某一群体提供的福利待遇，例如一些国家的家庭政策，

[①] 吴宁、江启成、王从从、万泉、赵郁馨：《西部某省医疗机构政府补助的受益归属分析》，《中国卫生经济》2011 年第 30 卷第 5 期。

为多子女家庭、在家照料幼儿的女性提供的实物、服务或现金。近年来，国际社会保障的概念又发生了扩展，将一些人力资本投资型的公共服务也纳入到了社会保障的概念中。"社会保护"（social protection）的概念越来越代替社会保障这一概念①。

社会救助项目已在上节财政公共支出中分析过了，因此本小节主要关注社会保险项目的收入再分配效应。社会保险是现代工业社会的产物。1893年德国俾斯麦政府建立的社会医疗保险是社会保险的第一个项目。此后主要工业国家都逐步建立了包括医疗保险、养老保险、工伤保险、失业保险、生育保险在内的社会保险体系。

社会保险的主要功能，一是分散风险，通过社会成员之间的互助、互济分散风险。例如医疗保险应对的是参保人的疾病风险，养老保险应对的是参保人的老年风险。通过社会保险使得风险在不同的社会成员之间进行分散，从而提高社会成员的应对风险冲击的能力。二是收入再分配的功能。由于社会保险的一个主要特征是强制性，即符合条件的社会成员，不管其收入、职业、年龄、性别等原因，都必须参加社会保险。这一强制性规避了商业保险项目中的逆向选择：即那些条件好的、风险低的成员规避参保。另一方面，社会保险的缴费原则是"按能力缴费"，在统一的费率下，高收入者的缴费高，低收入者的缴费低；但在受益上，则是按照"需要"原则：风险冲击大的获得的收益高。例如在医疗保险中，高收入者的缴费额高，但是在患病需要报销时，则不依据缴费高低和收入高低，而是依据统一的报销比例，花费高的报销高。强制性、缴费贡献与受益不相关是社会保险具

---

① Norton, A., Conway, T., and Foster, M., Social Protection Concepts and Approaches: Implications for Policy and Practice in International Development, London: Overseas Development Institute, Working Paper 143, 2001.

有收入再分配功能的主要原因。社会保险的第三个功能是强制储蓄，这一功能在积累制的社会保险项目中存在，而在完全的现收现付制的保险项目中，则很弱或不存在。

二 中国的社会保险制度

中国的社会保险制度是在改革开放之后，特别是在十四大确定社会主义市场经济体制改革的目标之后逐步建立起来的。在计划经济时期，中国的社会保障制度是城乡分割的：社会保险项目仅在城市中存在；在农村主要是集体经济组织提供的一些保障项目，比如农村的五保供养、合作医疗等。20世纪50年代中国在城市企业职工中建立了劳动保险制度，由各个企业上缴一定的保险费，形成全社会的劳动保险，在职工遇到疾病、老年等风险时可以获得救助。但是随着计划经济体制的建立，国有企业和集体企业成为行政部门的附属物，失去了独立经营的地位和功能。在这样的情况下，社会保险也失去了存在的必要。"文化大革命"期间劳动保险制度被取消，各个企业承担了为职工提供社会福利的职能。改革开放后，随着城市工业企业改革的推进，计划经济时期形成的企业办社会为企业带来了沉重的负担，一些企业由于老职工多、社会负担重，从而在市场竞争处于不利地位。因此，在改革开放之初的20世纪80年代，各个地区都在探索建立社会统筹的社会保险制度[①]。这一探索一直持续到90年代中期。十四大确立了中国改革开放的目标模式是社会主义市场经济体制，要求国有企业改革，建立现代企业制度。这必然要求原先由企业承担的社会功能

---

① 赵杰：《试论两权分离后国家与企业分配关系的重新塑造》，《财政研究》1987年第10期。

剥离出来，使企业成为真正的市场主体。

在这样的情况下，十四届三中全会确定了中国社会保障制度建设的原则是"社会统筹加个人账户"，建立企业职工的基本养老、基本医疗保险制度。1997年国务院《关于建立统一的企业职工基本养老保险制度的决定》，以及1998年国务院《关于建立城镇职工基本医疗保险制度的决定》建立了中国城镇企业职工的基本养老和基本医疗制度。在这一时期工伤保险、失业保险、生育保险也逐步建立。

在农村地区，随着人民公社制度的瓦解，集体经济组织承担农村居民社会保障的职能也逐渐弱化。除了五保供养制度外，农村地区直到2002年之前并没有完整的统一的社会保险项目。2002年中国政府决定在全国建立新型农村合作医疗制度，并迅速覆盖到全国农村。2010年的《社会保险法》将新型农村合作医疗制度确定为社会保险项目。2007年为城镇地区的非就业群体建立了城镇居民的基本医疗保险。2016年国务院决定将覆盖农村居民的新农合与城镇居民医疗保险合并，建立统一的城乡居民医疗保险项目。在农村居民的养老保险方面，2009年中国政府又决定在农村开展新型农村养老保险项目，并在2014年与城镇居民养老保险项目合并，建立了覆盖城乡的居民养老保险制度。

从当前中国社会保险的覆盖率来看，已基本实现了制度的全覆盖（每个人群至少被一种社会保险项目覆盖）和实际的全覆盖（见图4—6、表4—4），这在各国社会保险发展史上也是一件了不起的成就。

第四章 国民收入的再分配

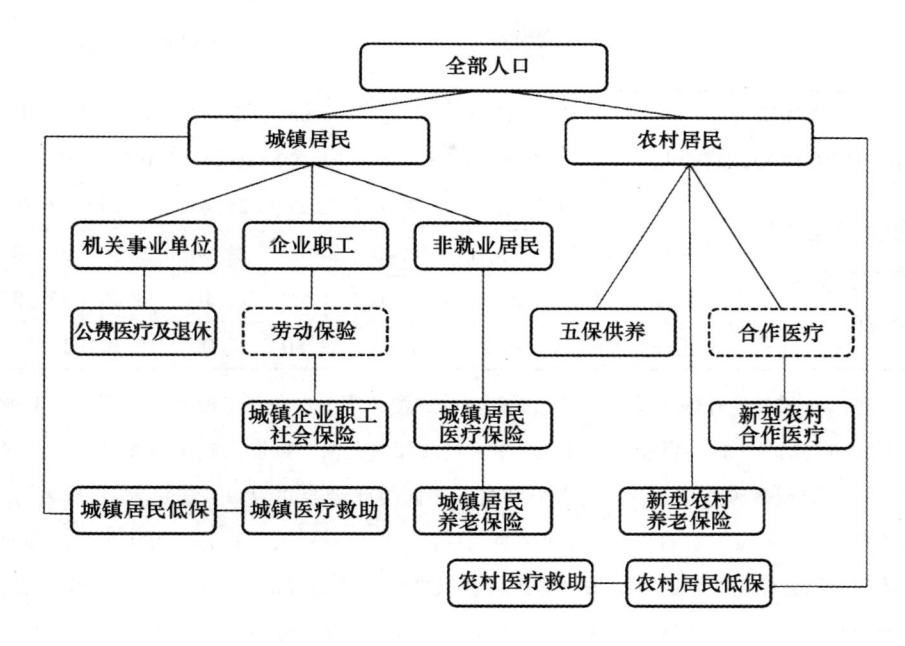

图4—6 中国的社会保障项目

表4—4　　　　　中国不同人群社会保险类项目的覆盖率　　　　　单位:%

		2006	2007	2008	2009	2010	2011	2012
机关事业单位社会保障制度		100.00	100.00	100.00	100.00	100.00	100.00	100.00
城镇企业职工基本社会保险	养老	49.15	50.80	53.71	55.37	58.29	63.29	65.51
	医疗	29.69	34.95	39.05	42.27	44.74	46.24	47.12
	失业	28.15	28.36	29.84	29.65	30.30	31.56	32.90
	工伤	24.58	30.32	34.78	37.10	39.41	42.27	44.51
	生育	9.74	14.00	18.64	23.38	26.90	30.21	33.53
城乡居民养老保险								56.78
城镇居民医疗保险			29.96	55.56	76.10	78.88	85.62	99.12
新型农村合作医疗		80.70	86.20	91.50	94.20	96.00	97.50	98.26

续表

2012		2006	2007	2008	2009	2010	2011
机关事业单位社会保障制度		100.00	100.00	100.00	100.00	100.00	100.00
外出就业农民工参加城镇职工社会保险	养老	10.80	13.40	17.20	18.20	21.40	26.10	27.81
	医疗	18.00	22.70	30.40	29.80	29.90	29.30	30.58
	失业	17.90	28.80	35.20	38.40	41.10	43.00	43.95
	工伤	—	8.30	11.00	11.30	13.00	15.10	16.54

注：1. 城镇企业职工基本养老和医疗保险的覆盖率为在职职工覆盖率，不包括离退人员参加城镇职工社会保险的人数；离退人员参加城职保人数加入到居民养老和医疗保险中。2. 原城镇居民养老保险与新型农村养老保险已经合并为城乡居民养老保险。3. 城镇企业职工社会保险的分母为非机关事业单位的城镇就业人员；分子为在职职工参加城镇职工社会保险的人数。4. 城乡居民养老保险的分母为城镇非就业居民加农村居民，分子为城乡居民养老保险参保人数加上参加城镇职工社会保险的离退居民。5. 农民工参加城镇职工社会保险的人数已经包括在参加城镇企业职工基本社会保险的人数中。

数据来源：《中国统计年鉴》《中国劳动统计年鉴》《中国人口与就业统计年鉴》相关年份。

三 中国社会保险的制度特征及收入再分配效应

中国的社会保险体系脱胎于计划经济时期，仍然带有一些计划经济时代的特征，这其中影响社会保险制度公平性的主要制度特征是中国社会保险制度的"碎片化"：不同的人群建立了不同的社会保险项目；相同的社会保险项目之间还存在地区分割。这两种分割，前者是"制度分割"，后者是"区域分割"。制度分割和区域分割将中国的社会保险项目打成了"碎片"。在计划经济时期，人口流动和就业变化不甚频繁的情况下，这种"碎片化"的社会保险项目有其合理性；但是，随着社会主义市场经济体制的建立，人口的大规模流动成为常态，就业的变化愈加频繁，"碎片化"的社会保险制度的公平性下降，且收入再分配效应受到很大影响。

首先，社会保险项目的制度分割。中国的社会保险项目按不同的人群设计：首先是城乡分割，农村居民和城镇居民分别有不同的社会保险项目。其次是在城乡内部也存在分割。在城镇就业职工和非就业的城镇居民分别有不同的社会保险项目。而在城镇就业职工中间，也存在不同的社会保险项目：企业职工和机关事业单位就业人员各自建立了不同的社会保险项目。这些不同的社会保险项目之间的待遇差别明显，且不能相互转接。2012年城镇职工基本养老保险的平均养老金为每年2万多元，而城乡居民的平均养老金只有不到900元/每年；城镇职工基本医疗保险的人均筹资额高达2288.8元/每年，城镇居民基本医疗保险的人均筹资额只有322.9元/年，新型农村合作医疗人均筹资额只有308.5元/年（见表4—5）。在城镇就业职工内部，机关事业单位就业人员的养老金每月为2500多元，但企业职工每月只有1500多元，每月相差1000多元（见表4—6）。

表4—5　　　　中国社会保障水平的城乡及制度差距（2012年）

社会保险项目		数额	单位
城镇职工基本养老保险	平均养老金	20900.4	元/年
城乡居民养老保险	平均养老金	879.5	元/年
城镇职工基本医疗保险	人均筹资额	2288.8	元/年
城镇居民基本医疗保险	人均筹资额	322.9	元/年
新型农村合作医疗	人均筹资额	308.5	元/年

注：2012年8月城镇居民养老保险与新型农村养老保险合并统计；数据来源于2012年《人力资源和社会保障事业统计公报》。养老保险的平均养老金等于该年份基金支出额除以离退休人数；医疗保险及合作医疗人均筹资额等于该年度基金收入额除以该年年底参保人数。

数据来源：《中国民政统计年鉴》《中国劳动统计年鉴》。

表4—6　中国城镇不同就业状况下退休后的养老金差距（2010年）

退休前就业状况	观测值数（人）	退休金/社保给付养老金 均值（元/月）	基尼系数（%）	每月总收入 均值（元/月）	基尼系数（%）
A 非正规就业	2325	260.62	61.65	376.54	65.45
B 机关事业单位	2007	2508.19	29.04	2632.37	30.40
C 企业职工	5605	1528.15	20.83	1600.51	22.42
D 机关加企业	123	2847.91	26.14	2903.97	26.07
B+C+D	7735	1803.43	27.03	1888.97	28.35
全部	10060	1446.86	39.72	1539.43	40.54

数据来源：中国社会科学院经济研究所社会保障课题组：《多轨制社会养老保障体系的转型路径》，《经济研究》2013年第12期。

社会保险待遇这种不平等是"逆"收入分配的，即低收入群体（城镇非就业群体、农村居民）的受益更低，而高收入群体的受益更高。

其次，社会保险统筹区域层次低，区域分割严重。中国社会保险项目的统筹区域基本是县级统筹，统筹层次低，且不同统筹区域之间的转移接续困难。目前的情况是，企业职工的养老保险目标是实现全国统筹，但除了少数几个省外，仍未完全实现省级统筹。而实现了省级统筹的省份，也不过是实现了省级的调剂金制度，而不是完全意义上的统筹；企业职工医疗保险目标是实现地市统筹，但绝大多数地区仍然是县区级统筹；居民养老保险和医疗保险虽然实现了城乡统筹，但由于仍然按照户籍进行登记和参保，因此地区之间仍然是分割的。由于地区间经济社会发展水平的巨大差异，这种地区分割带来的收入分配后果就是社会保险受益的巨大的地区分割，而且其趋势仍然是

"逆"收入分配的：高收入地区的社会保险待遇高于低收入地区的社会保险待遇。以城镇企业职工养老金为例，虽然都参加了城镇企业职工养老保险，但待遇的地区差别却非常显著：养老金最高的地区是最低地区的2.15倍，次高地区是次低地区的1.78倍（见表4—7）。除西藏自治区外，其他省区一般是东部沿海地区养老金水平高，中西部经济落后地区养老金水平低。

表4—7　城镇企业职工年均养老金及城镇、农村低保的地区差距（2012年）

地区	企业职工平均养老金（元/年）	城镇最低生活保障（元/人、月）		农村最低生活保障（元/人、月）	
		平均标准	补助水平	平均标准	补助水平
最低	7573	251	189	115	81
次低	7996	253	192	115	82
次高	14212	520	435	427	229
最高	16251	570	463	430	318
基尼系数	10.27%	12.05%	13.92%	22.56%	18.02%
最高/最低	2.15	2.27	2.45	3.75	3.96
次高/次低	1.78	2.06	2.27	3.72	2.79

数据来源：《中国民政统计年鉴2012》《中国劳动统计年鉴2012》。

社会保险的收入再分配效应。如前所述，社会保险具有收入再分配的职能，是政府实现收入再分配目标的主要政策手段之一。这一点也在十八大报告中进行了明确，并提出中国社会保险改革的目标和原则是"全覆盖、保基本、多层次、可持续"，以及"增强公平性、适应流动性、保障可持续性"。

但是由于社会保险制度仍然存在制度分割和区域分割，社会保险总体上看，正向的收入再分配效应存在，但并不明显，甚至出现了

"逆向"的收入再分配效应。以城镇企业职工养老保险为例,全国统一的城镇企业职工养老保险1997年建立时,就存在逆向的收入再分配;2005年改革方案后,这种逆向收入转移效果得到改善。但是,在2005年的改革方案下,40岁以上群体中仍然存在明显的逆向收入转移倾向[1]。使用精算方法分析的中国养老保险制度的代内再分配和代际再分配效应也表明,养老保险制度的代内再分配效应较弱,并有可能引起严重的代际不公平[2]。对城乡居民养老保险的收入再分配效应的研究也发现,城乡居民养老保险的正向收入再分配效应有限,且对一些弱势群体还存在逆向收入再分配效应[3]。在医疗保险方面,虽然也有研究表明,具有正向的收入再分配效应,但这一效应仅存在于同一医疗保险制度的同一个统筹区内[4]。多数研究仍然发现医疗保险对收入分配的调节作用更弱[5]。

总体来看,中国的社会保险制度在调节收入分配方面并没有发挥应有的作用。这其中主要还是按人群来确定不同的社会保险项目的制度设计。计划经济条件下,居民需要依附在某一单位,社会保障主要是由单位来提供。这种单位化的社会保障本身就内含了不平等的结

---

[1] 何立新:《中国城镇养老保险制度改革的收入分配效应》,《经济研究》2007年第3期。

[2] 彭浩然、申曙光:《改革前后我国养老保险制度的收入再分配效应比较研究》,《统计研究》2007年第2期。

[3] 王翠琴、薛惠元:《新型农村社会养老保险收入再分配效应研究》,《中国人口·资源与环境》2012年第8期。

[4] 金双华、于洁:《医疗保险制度对不同收入阶层影响的实证研究——基于辽宁省城镇居民的分析》,《经济与管理研究》2016年第2期。

[5] 金彩虹:《中国医疗保障制度的收入再分配调节机制研究》,《经济体制改革》2005年第6期;赵斌、麻晓卯:《我国社会医疗保险"逆向转移"现象研究》,《中国卫生经济》2012年第2期。

果，只要所在的单位收入能力不同，所获得社会保障待遇就不同；而不同的单位由于所处的地理位置、在计划经济中的功能、与政府的谈判能力等差别较大，从而导致不同的群体的社会保障待遇不同。而且由于与所在单位相关，那些收入能力较好的单位，不仅收入高，而且保障待遇好。这是逆向再分配的制度来源。

对此，党的十七大、十八大都提出了要建立统一的、适应流动性的社会保险制度，十八届三中全会和五中全会对社会保险制度的改革也提出了明确的要求。"十三五"规划纲要提出"实施全民参保计划，基本实现法定人员全覆盖"，"建立更加便捷的社会保险转移接续机制"。近年来，在社会保险方面的制度整合、提高统筹层次等，也都是为了降低社会保险的制度分割与区域分割，更好发挥其收入再分配功能。

◇第五节 完善收入再分配政策的建议

收入再分配是现代市场经济调节收入分配不平等的主要政策手段。中国建立社会主义市场经济体制，也要求充分利用收入再分配的政策手段实现共同富裕、共享发展成果。这一点在党的收入分配政策中有明确的体现。建立完善的收入再分配政策体系也是共享经济理念的现实要求。从前文的分析来看，中国的收入再分配政策，包括税收、财政公共支出以及社会保障制度等，近年来有了非常明显的进步，适应社会主义市场经济体制的税收、完善的公共支出和公共服务体系以及覆盖全民的社会保障制度。在大力发展民生事业的政策框架下，各级政府都加大了对各类公共服务的支出。这是一个伟大的成就。但是，从收入再分配的角度看，这些政策手段的收入再分配效应还未得到充分发挥，有些项目甚至还带来了逆向的收入再分配。这其中的主要原因包括以下几个方面。

第一，中国所处的发展阶段是社会主义初级阶段，中国仍然是发展中国家，且发展极不平衡。因此，中国的收入再分配政策工具，包括税收、公共支出以及社会保障等，在发展框架中都是多重目标的。在这多重目标中，最重要的是效率目标和平等目标。效率目标的具体形式就是经济增长率。例如税收政策，除了收入再分配外，还要承担激励地区经济增长的任务；公共支出还承担着为一些大型经济建设项目提供资金来源的任务；社会保障体系还承担着维护社会稳定的任务。这与西方国家的收入再分配政策的目标较为单一不同。当然，中央的政策目标也在变化，"效率优先、兼顾公平"的原则逐渐演变为"初次分配和再分配都要兼顾效率和公平，再分配更加注重公平"[①]的原则。

第二，计划经济的制度遗留仍然存在，其中最主要的就是各类公共支出项目和社会保障项目都是按照不同人群划分的，而且越是高收入的人群获得的公共服务越多。以城乡分割为例，户籍制度是为了保证计划经济能够得以顺利实施的控制人口流动的工具。但是，一直到现在户籍制度仍然顽强存在，而且在一些地区还有固化的趋势。大量流动人口虽然在城镇地区工作和生活，但由于户籍制度的分割，也不能公平享有打工地的各类公共服务。社会保障项目也依然是按照户籍来进行划分。这种事实上的"身份制"严重限制了收入再分配政策的效果。

---

① 十八大报告，2012年。

第三，各种收入再分配政策在实施中不得不考虑巨大的地区差距以及由此带来的可持续性风险。要使收入再分配政策的效应最大，应该使全国适用统一的政策规定；但是，由于地区发展差距巨大，要将落后地区的公共支出提高到与发达地区相同，甚至高于发达地区，虽然可以得到非常明显的收入再分配效应，但是由此带来的资金的可持续性风险将是巨大的。以农村的社会养老保险为例，东部地区由于经济发达，政府补贴较高，从而待遇也较好。但是，中西部地区的基础养老金本就主要来自中央的财政转移支付，若将之提高到与东部地区相同，中央政府财政必将承受巨大的压力。

第四，收入再分配政策实施的治理能力和管理水平不足。税收、公共支出以及社会保障等项目，要发挥良好的收入再分配效应需要有良好的治理能力和管理水平，特别是对于居民的经济行为的信息，要充分地掌握。但是，中国在这方面仍然比较落后，管理水平低、治理能力不足是制约中国收入再分配政策实施的主要障碍之一。一些非常好的政策出台之后，在普通居民那里并没有得到好的"回响"，所谓"好心没有办成好事"，其中最主要的原因还是管理能力不足。

针对上述原因，根据中国社会主义初级阶段的发展现实，以及2020年全面建成小康社会的目标，收入再分配政策的完善需要从如下几个方面入手。

第一，有步骤地取消城乡二元分割的格局，实现城乡一体化发展。这也是"十三五"规划中的重要内容。要逐步放开一些大中城市的户籍限制，推动农民工的市民化。按照中央的部署，在未来的十多年要加快推动两亿人的城镇化。这也意味着城乡二元结构的逐渐消失，是实现公共服务均等化的重要步骤。

第二，适应大规模人口流动常态化、就业转换频繁的现实，逐渐打破社会保障制度的制度分割和地区分割，建立基于国民身份的统一的国民社会保险制度。统一的保障基本的国民社会保险制度为全体国民提供平等的、基本的社会保障；多样化的保障性需求通过在国民社会保险的基础上建立不同的补充保险满足。

第三，打破部门利益分割，整合公共支出，提高公共支出的公平性。当前与民生相关的公共服务分别由不同的部门管理和实施，从而形成部门利益的固化，加剧制度分割，也不利于公共支出效率的发挥。中国的公共支出主要采用的是政府生产的方式，即政府直接提供；负责提供公共服务的主要是政府部门所属的各级各类事业单位。这些事业单位与主管的行政部门之间政事不分、管办不分，导致效率低下，公平性不足，"行政化"色彩浓厚。对此，十八届三中全会专门提出事业单位的"去行政化"改革，并提出公共服务凡是能够购买服务的都要通过购买服务的方式向全社会提供。

第四，提高治理能力和管理水平。收入再分配政策的实施需要精细化管理才能充分发挥作用。比如税收，监管能力和征缴能力不足可能带来逆向的收入再分配效应。在公共服务、社会保障等方面也需要提高治理能力和经办管理水平。要按照十八届三中全会提出的提高国家治理能力的要求，逐步改变治理能力低下的局面。

第五章

共享发展新理念、新思路

十八届五中全会通过的《中共中央关于制定国民经济和社会发展第十三个五年规划的建议》提出了创新、协调、绿色、开放、共享五大发展理念，并指出，"共享是中国特色社会主义的本质要求，必须坚持发展为了人民、发展依靠人民、发展成果由人民共享，作出更有效的制度安排，使全体人民在共建共享发展中有更多获得感，增强发展动力，增进人民团结，朝着共同富裕的目标稳步前进"。共享发展是中国经济进入新常态后经济发展的重要理念，将会引导中国经济发展的方向。与此同时，收入分配是共享发展理念中重要的组成部分，与居民收入增长具有密切联系。鉴于此，我们对共享理念下的初次分配、再分配的新理念进行分析，并对经济社会转型对收入分配的影响进行讨论。

◇ 第一节 共享发展的新理念

共享发展的近期目标是在2020年全面实现小康社会，但是共享发展与社会主义追求的最终目标"实现共同富裕"相一致。共享发展不仅包括多个层面，而且具有历史渊源，我们首先对"什么是共享发展"进行界定,然后阐述我国现阶段推进共享发展的必要性。

一 经济发展的阶段性目标

社会主义的本质是解放和发展生产力,消灭剥削,消除两极分化,最终实现共同富裕。为了摆脱贫困,提高人民生活水平,改革开放初期,在十一届三中全会上邓小平提出了新的发展理念,是共同富裕的初步阐述。在1992年的南方谈话中,邓小平对共同富裕进行了全面阐释"一部分地区有条件先发展起来,一部分地区发展慢点,先发展起来的地区带动后发展的地区,最终达到共同富裕"。由此可以看出,在社会主义初级阶段,生产力发展水平比较落后的情况下,实现共同富裕是有条件的。在条件有限的情况下,只能是先让有条件的地区发展起来。最终实现共同富裕是建立在发展基础上的,而不是发展落后情况下的平均主义。

共同富裕是社会主义发展的最终目标,这个目标并不是一蹴而就的。为此,在中国经济发展过程中,设立了多个阶段性目标。十三大报告中明确提出了"三步走"战略,为经济发展的各个阶段提出了相应的发展目标。"第一步从1981年到1990年国民生产总值翻一番,解决人民的温饱问题;第二步从1991年到20世纪末,国民生产总值再翻一番,人民生活达到小康水平;第三步到21世纪中叶,人均国民生产总值达到中等发达国家水平,人民生活比较富裕,基本实现现代化。""达到小康"成为十三大之后的主要目标。随着中国经济的快速发展,2000年时中国人均GDP超过了900美元,按照世界银行的标准,中国进入了下中等发展国家。在十五届五中全会中通过的《中共中央关于制定国民经济和社会发展第十个五年计划的建议》中对发展成果进行总结的同时提出了新的发展目标,"我们已经实现了现代化建设的前两步战略目标,经济和社会全面发展,人民生活总体上达到了小康水平,开始实施第三步战略部署。这是中华民族发展史上一个新的里程碑"。

虽然在2000年进入了下中等收入国家,"八七"扶贫攻坚计划基本完成,在总体上达到了小康水平,但是中国农村的温饱贫困率依然达到3.4%。按照温饱贫困线计算,2000年中国农村的贫困人口仍高达3209万人。如果按照低收入贫困线或者世界银行的贫困线,中国的贫困人口规模将会更大。① 2000年达到的小康水平还是低水平的、不全面的、发展很不平衡的小康,基于此进一步提出了"全面建设小康社会的目标"。经济发展和缩小差距是全面建设小康社会的首要目标,"国内生产总值到2020年力争比2000年翻两番,综合国力和国际竞争力明显增强。基本实现工业化,建成完善的社会主义市场经济体制和更具活力、更加开放的经济体系。城镇人口的比重较大幅度提高,工农差别、城乡差别和地区差别扩大的趋势逐步扭转。社会保障体系比较健全,社会就业比较充分,家庭财产普遍增加,人民过上更加富足的生活"。十八大之后结合全面建成小康社会的目标,进一步明确了"两个一百年"的目标,"在中国共产党成立一百年时全面建成小康社会,在新中国成立一百年时建成富强民主文明和谐的社会主义现代化国家"。

---

① 数据来源于《中国农村贫困监测报告》。按照当期水平,2000年温饱贫困线是630元/人·年;2002年提出的低收入贫困线是869元/人·年;世界银行的低标准贫困线是1.25美元/人·天。

二 共享发展的理念

全面建成小康社会和最终实现共同富裕是社会主义发展的目标。共同富裕两阶段的发展战略，在第一阶段，一部分人和一部分地区先富裕起来可能会带来两极分化，但是社会主义制度应该而且能够避免两极分化。在经济发展初期，要具有大局观，发展是主要的。随着中国经济的快速发展，经济总量跃居世界第二位，根据世界银行的标准，中国在2011年已经成为上中等收入国家，2015年人均国内生产总值提高到7800美元左右。在缩小收入差距方面更具有能力，同时这也与邓小平在南方谈话中的设想相一致，即"在本世纪末达到小康水平的时候，就要突出地提出和解决这个问题"。也就是说，在达到小康水平时，就需要着力解决两极分化的问题。对于解决收入两极分化、收入差距大的问题，依然需要按照辩证唯物主义的方法论，一分为二地看待问题。中国虽然经济发展水平提高，但依然是中等收入国家，仍处于社会主义初级阶段，继续维持稳定的经济增长，推动经济发展依然是第一要务。在既要保障发展，又要缩小收入差距的双重目标下，共享发展的理念应运而生。基于此，共享发展必然是不以损害市场经济发展效率为前提的共享。共享发展在坚持发展依靠人民，发展成果由人民共享的原则下，更加注重机会平等、保障基本民生和缩小收入差距。

首先从机会平等来看，要实现起点公平和过程公平。增加基本公共服务供给，实现基本公共服务均等化，从而实现起点公平。共享发展提出发展要依靠人民，除了依靠人民的数量之外，随着中国经济不断转型，更加要依靠人民的质量，特别是劳动力的质量。从经济学的角度来说，就是要提高劳动力的教育程度，使其具有更高的人力资本。实现教育公平是共享发展的重要方面，使适龄儿童和青少年能够获得相同的基本公共教育资源，特别是使低收入家庭的子女不输在起跑线上。在分享经济发展成果的同时，能够促进人力资本积累，增强发展动力。另外，教育公平更加体现了授人以渔的思想，能够在很大程度上避免将贫困传递给下一代。

就业是劳动力获得收入增加的保障，同时也是宏观经济发展的核心目标之一。公平地获得就业岗位以及同工同酬主要体现在过程公平上。建立统一的劳动力市场，打破城乡、地区和行业分割，消除或者是减弱身份、性别歧视，则更加有利于劳动力的流动。打破制度障碍促进劳动力流动是共享发展的重要体现，通过劳动力流动劳动者能够获得更多的就业机会，有助于实现职业匹配并缓解结构性失业。

其次从保障基本民生来看，要消除贫困和建立公平可持续的社会保障制度。国际劳工组织和联合国均将预防和减少贫困作为社会保障的首要功能。联合国千年发展目标的第一项即为消灭极端贫困和饥饿。贫困人口是社会中的弱势群体，扶持贫困人口使其脱离贫困是共享发展的应有之义。

社会保障制度体现的是社会共济思想，富裕的帮助贫穷的，健康的帮助患病的，年轻的帮助年老的，平安的帮助受灾的，等等。共济思想下的社会保障制度能够使相对弱势的群体获得扶持，有助于促进社会稳定。由此可见社会保障制度是社会成员之间共享经济发展的重要体现。

然而，值得注意的是，社会保障制度也应不损害市场化，所以共享发展理念中更加强调保基本及可持续性。虽然社会保障制度体现的是社会共济，但是在一些情况下，仍然需要国家财政支出。社会保障水平过高，则必然给财政带来巨大负担，难以实现可持续性。与此同时，过高的社会保障水平可能会损害市场发展规律。例如：过高的失业金将会降低失业劳动者的就业可能性，进而降低整个社会的劳动参与率，不利于经济发展。底线需求和保障生存是完善社会保障制度的出发点。

最后从缩小收入差距来看，要加大再分配调节力度和规范收入制度的力度。实现共享发展的最终目的在于共同富裕，目前缩小收入差距成为共享发展的阶段性目标。加快建立综合和分类相结合的个人所得税制。通过累进制个人所得税加大对高收入群体收入的调节，同时通过遗产税、赠与税降低代际之间的财富转移，增加代际起点公平。另外，在保护合法收益的同时，规范隐形收入，遏制腐败，取缔非法收入。规范收入分配秩序使个人收入所得更加透明，使市场在收入分配中起主导作用。

三 实现共享发展的必要性

较大的基本教育供给差距通过影响劳动力人力资本积累提高失业风险。中国城乡之间的二元结构，不仅体现在经济方面，而且体现在基本公共服务上，基本公共教育的供给在城乡之间存在巨大差别。虽然以常住人口计算的城市化率超过了50%，但是仍有近一半的人口生活在农村。农民工的子女难以在城市获得基础教育，大部分仍然在农村接受教育，进一步凸显了城乡之间基本教育供给的差异。随着中国经济发展进入新的阶段，农村剩余劳动力不断下降，人口红利逐渐消失，经济发展将逐渐从劳动密集型转向资本密集型和技术密集型。转型的过程对劳动力的人力资本提出了更高的要求，低学历的劳动力则难以在资本密集和技术密集的情况下获得就业机会，更容易陷入失业甚至无法就业的境地，贫困更可能随之而来。

较大的基本教育供给差距通过影响经济活动人口的人力资本存量阻碍经济发展。中国经济进入新的发展阶段，为了保持持续稳定的发展，在人口红利逐渐消失和资本收益率下降的情况下，则更多地依靠技术进步。提高人力资本是技术进步的重要来源。较大的基本教育供给差距使农村居民家庭子女的教育质量普遍偏低，较高的高中教育成本成为阻碍农村家庭子女就读高中的因素。城镇的低收入家庭也同样面临较高的高中教育成本。因此，教育供给方面的差异阻碍了人力资本存量的积累，进而不利于经济发展。

较大的教育供给差距通过劳动力生产力结构阻碍中等收入群体扩大。随着劳动力市场化程度的提高，市场对劳动力资源的配置和报酬起主导作用。在市场配置的情况下，劳动力报酬与劳动力的边际生产力具有密切联系。中等收入群体扩大的关键在于具有中等边际生产力的劳动者成为全部劳动者的主体。教育是影响劳动力边际生产力的重要因素。换句话说，中等收入群体的扩大有赖于具有较高教育学历的劳动者成为经济活动人口的主体。然而，较大的教育供给差距成为农村家庭和低收入家庭进行教育投资的瓶颈，因此必将阻碍拥有较高教育学历劳动者规模的扩大。这将从根本上阻碍中等收入群体的扩大。

农村贫困人口脱贫是全面建成小康社会最艰巨的任务。随着中国经济的快速发展，贫困人口大幅减少，但是全面脱贫还面临较大困难。现行的贫困线是2011年制定的2300元（2010年不变价）。伴随着经济发展以及各项扶贫政策的落实，农村贫困人口规模从2010年的16567万人下降为2014年的7017万人，农村贫困发生率也大幅下降，相应地从17.2%下降为7.2%，降低了10个百分点[①]。7017万人的贫困人口规模依然是巨大的，使其全部脱贫是一项艰巨的任务。

城镇贫困也值得重视。相对于农村而言，尽管城镇贫困人口规模较小，但是从绝对量来看也具有较大规模。城镇低保人口大约有1800万，城镇登记失业人员有900多万。即使两者之间有一定的重合，但是1800万左右的城镇低保人口已经非常多了，为900多万城镇登记失业人员提供培训和就业机会同样面临巨大挑战。

中国社会保障制度虽然实现了全覆盖，但是来自计划经济的社会保障也存在诸多问题。最为突出的是，碎片化降低了社会保障的公平性；过度保护、历史欠账和老龄化降低了社会保障的可持续性。碎片化反映在制度分割、地区分割和管理部门分割三个方面。制度分割表现在不同群体之间待遇存在显著差异，群体间的公平性较差。地区分割表现在转续衔接困难，不具有便携性，不利于劳动者流动，阻碍了劳动力市场的统一。管理分割则带来信息共享性比较差和社会共济性差，降低了社会保障的整体功能，使社会保障仅局限在一定的范围内，一定的条件下。碎片化使有话语权的群体逐步攀比要获得收益更高的社会保障，同时加剧了不同群体之间的张力，不利于社会稳定。

过度保护、历史欠账和老龄化降低了社会保障的可持续性。制度碎片化使得部分人口受到过度保护，成为福利的高地，并且由此带来了其他群体的攀比。过度保护增加了社会保障的支付负担。国有企业改革以及制度更新需要为制度建立时已经参加工作、建立后才退休的"中人"补缴社保，按照当时的设定由政府财政负担，由于地方财力有限，导致了个人账户"空账运转"的情况，随着这部分劳动力退

[①] 《中国住户调查年鉴2015》。

休，弥补空账势在必行，这给社会保障的支付带来了巨大压力。另一方面，人口老龄化加剧，老人抚养比提高，缴费的在职人口越来越少，社会保障支出增加，降低了其持续性。

收入差距较大通过影响消费总量对经济增长产生不利影响。从有效需求的角度来看，消费、投资和出口是推动经济增长的三驾马车。中国经济发展以外向型为主，投资和出口成为中国经济增长的两大引擎，相比之下消费的拉动作用比较弱。消费规模比较小，对经济拉动能力差与较大的收入差距具有密切联系。根据凯恩斯的消费理论，边际消费倾向（进而平均消费倾向）随着收入的增加而下降。也就是说，低收入者将更高比例的收入用于消费，而高收入者将收入用于消费的比例较低。中国的收入结构呈金字塔形、社会结构呈倒丁字形，都说明低收入群体规模较大。低收入群体具有较高的消费倾向，但是偏低的收入使其消费总量偏低。较大的收入差距使收入向高收入者集中，社会消费倾向将下降，社会总消费不足，不利于拉动经济增长。在外需增长乏力的情况下，扩大内需显得尤为重要，基于此缩小收入差距则成为共享发展的重要内容。这不仅是实现共同富裕的目标，也是使经济发展更多地依靠人民消费。

缩小收入差距有利于推动人力资本积累，打破贫困的恶性循环。研究结果发现，教育具有代际不流动性，受教育水平较高的父母对应着受教育水平较高的子女。这是因为受教育水平较高的父母可以获得更高的收入，进而对子女教育进行更多投资。对中国的研究也发现，当家庭收入降低时教育支出将会大幅下降。较大的收入差距必然降低低收入家庭的教育投资，其子女依然是较低的教育水平，进而在劳动力市场获得较低的收入，由此陷入贫困的恶性循环。尽管公共教育的均等化程度提高，能够抵消一部分低收入家庭教育投资偏低的影响，但是不能忽略家庭对教育投资的重要性。

缩小收入差距有助于降低居民的信贷约束。信贷约束使消费难以在生命周期中表现为平稳的状态。同样，收入差距过大使低收入家庭在创业过程中，面临信贷约束，难以获得足够的资金。甚至低收入家庭在对其子女进行教育投资时，也面临信贷约束。全民创业的实现，有赖于创业者能够获得足够的资金，特别是中低收入者。较大的收入差距降低了居民的信贷能力，不利于全民创业的发展。

中国正处于全面建成小康社会的关键时期，经济需要保持持续稳定的增长。通过增加基本公共服务供给，实现基本公共服务均等化，消除贫困，实现公平可持续的社会保障，缩小收入差距使经济发展成果更多惠及于民，增强社会稳定和凝聚力的同时，也为经济的进一步发展提供了新的动力。

◇ 第二节　共享发展理念下初次分配的新思路

中国社会主义初级阶段的特征，要求共享发展一定是以发展为前提，在发展的基础上增进成果共享。正如十八届五中全会指出的必须坚持发展为了人民、发展依靠人民、发展成果由人民共享的原则。初次分配是对发展结果的直接体现，因此，我们首先对共享发展理念下最低工资制度、提高生产率、缩小地区差距和缩小城乡差距的政策对初次分配的影响进行分析。

一　实行最低工资制度对提高劳动报酬的影响

十七大报告提出"着力提高低收入者收入，逐步提高扶贫标准和最低工资标准，建立企业职工工资正常增长机制和支付保障机制"。十八大之后，在《关于深化收入分配制度改革的若干意见》中指出"根据经济发展、物价变动等因素，适时调整最低工资标准，到2015年绝大多数地区最低工资标准达到当地城镇从业人员平均工资的百分之四十以上"。此外，国际劳工组织自1919年成立起，一直对确定最低工资标准问题特别关注。在国际劳工局的推动之下，最低工资制度作为国家干预分配，保障劳动者基本权益的一种法律制度为国际社会所公认。

最低工资是指制度规定的高于劳动力市场出清水平的工资，其出发点是保障劳动者的基本权益，保证其工资水平。然而，自最低工资制度建立之初，就面临诸多争议。关于最低工资的影响，讨论的核心是最低工资对就业的影响。从劳动经济学的角度来看，当最低工资高于市场出清水平时，则必然带来供给的增加和需求的减少，供给和需求之间的差额则成为失业群体。当然，由于不同的劳动力市场中供给曲线的弹性和需求曲线的弹性不同，最低工资所带来的失业规模也不同。例如：当需求曲线保持一定时，供给曲线的弹性越大，则最低工资带来的失业规模也越大。因此，同样的最低工资标准在不同的劳动力市场对失业的影响可能存在非常大的差异。另外，最低工资对就业的影响与最低工资的标准有关。当最低工资与市场出清水平的差距比较小时，则由此带来的失业规模也比较小。反之，当两者之间的差异较大时，其带来的失业规模也较大。

从国际上的实证研究结果来看，最低工资对就业的影响也存在很大差异。Bell 对哥伦比亚和墨西哥的比较研究发现，如果最低工资被有效实施，则会对就业产生不利影响。[1] Neumark 对 1975—1997 年 6

---

[1] Bell, Linda A., "The Impact of Minimum Wages in Mexico and Colombia", *Journal of Labor Economics*, 1997, Vol. 15, No. 3, pp. S102 – S135.

个 OECD 国家进行分析发现，提高最低工资会减少青年就业，且各国之间最低工资的就业负效应结果不同。[1] Abowd 等对法国和美国最低工资提高与就业的关系进行研究发现，最低工资增长会引起就业减少。[2] Card 和 Krueger 对于美国快餐业的研究发现最低工资的实施并没有减少就业。[3] Fields 和 Kanbur 发现，不同的情况下效果不同，取决于最低工资相对于贫困线的设定水平、劳动力需求弹性大小、收入分享机制和贫困的性质等因素。[4]

1993 年中国开始引入最低工资制度的同时，学术界对其是否应该被引入以及引入的影响进行了大量讨论。第一阶段主要集中于最低工资制度是否应该被引入。一些学者认为中国现阶段不宜实施最低工资制度。首先，从就业来看，最低工资制度使低收入群体找不到工作，与其维护低收入者利益的初衷相违背[5]；中国仍有 65% 左右的农村劳动力，他们愿意接受低于最低工资标准的工作，这种情况下最低工资形同虚设[6]。其次，从企业成本来看，最低工资是一种价格管制，降

---

[1] Neumark, David, The Employment Effects of Recent Minimum Wage Increase: Evidence from A Pre-specified Research Design, NBER Working Paper, No. 7171, 1999.

[2] Abowd, John M., Francis Kramarz, David N. Margolis, Thomas Philippon, Minimum Wages and Employment in France and the United States, CEPR Discussion Papers, No. 2159, 2009.

[3] Card, David and Alan B. Krueger, Minimum Wages and Employment: A Case Study of the Fast Food Industry in New Jersey and Pennsylvania, NBER Working Paper, No. 4509, 1993.

[4] Fields, Gary and Ravi Kanbur, Minimum Wages and Poverty, Working Paper, WP 2005-18, Department of Applied Economics and Management Cornell University, Ithaca, 2005.

[5] 张五常：《最低工资种祸根》，《南方周末》2000 年 11 月 15 日。

[6] 平新乔：《民营企业中的劳工关系》，北京大学中国经济研究中心，No. C2005001，2005。

低了中国企业的竞争力[1]。同时，另外一些学者认为最低工资制度存在实施的必要性[2]，在中国"非集体协商型"劳资关系下，政府制定最低工资为劳动者与企业之间的谈判提供了基本保障，从而确保劳动者的利益不受损害[3]。第二阶段着重讨论最低工资制度的影响。最低工资的目标群体是劳动力市场中的低收入者，主要是身为雇员的蓝领阶层。在城市工作的农民工成为诸多研究最低工资制度影响的目标群体。从就业来看，提高最低工资标准将促进农民工就业[4]。从工资来看，最低工资对农民工的工资增长具有显著的作用[5]。从缩小收入差距来看，最低工资标准的提高显著缩小了农民工群体内部的收入差异[6]。

从中国最低工资制度实施的效果来看，最低工资制度对农民工的就业、收入和缩小收入差距都起到了积极的作用。然而，中国的最低工资制度同样面临覆盖率的问题。在劳动力市场比较成熟的发达国家，也有相当一部分人没有被最低工资制度覆盖。中国的劳动力市场虽然得到了长足发展，但是尚不成熟。最低工资制度中覆盖的群体是在法定工作时间或依法签订的劳动合同约定的工作时间内提供了正常劳动的劳动者。对依法签订劳动合同的企业进行监管还相对容易，但

---

[1] 张五常：《最低工资种祸根》，《南方周末》2000年11月15日；薛兆丰：《最低工资法不可取》，《21世纪经济报道》2004年11月18日。

[2] 傅康生：《实行最低工资制度的经济分析》，《江淮论坛》1995年第6期；杨淑霞：《浅谈我国的最低工资保障制度》，《河南大学学报》1996年第5期。

[3] 乔新生：《我们为什么需要最低工资制度》，《江南时报》2006年。

[4] 罗小兰：《我国最低工资标准农民工就业效应分析》，《财经研究》2007年第11期。

[5] 孙中伟、舒玢玢：《最低工资标准与农民工工资——基于珠三角的实证研究》，《管理世界》2011年第8期。

[6] 叶静怡、杨洋：《最低工资标准与农民工收入不平等——基于北京市农民工微观调查数据的分析》，北京大学经济学院发展经济学讨论会 working paper，2013年。

是对未签订合同的企业则难以监管。2004年国务院出台的《劳动监察条例》和2008年出台的《劳动合同法》则加强了对最低工资制度实施的监管。但是，基于农民工大多从事自我雇用和非正规就业，农民工群体最低工资的覆盖率依然低于城市本地劳动力。月最低工资的覆盖率在外来劳动力和城市本地劳动力之间没有显著差别。农民工群体的小时最低工资的覆盖率远低于城市本地劳动力。每个年龄组的外来劳动力的月最低工资和小时最低工资的覆盖，都比城市本地劳动力更差[1]。鉴于此，农民工的最低工资覆盖率有待进一步提高，尤其是小时最低工资的覆盖率。

二 提高劳动生产率和人力资本对提高劳动报酬的影响

劳动报酬是劳动者收入的集中体现，根据要素配置和价格决定的原理来看，劳动者的报酬决定于劳动者的边际生产力。正如马歇尔所说"劳动、资本和土地对国民收益的分配，是和人们对它们所提供的各种服务的需要成比例的。但这种需要不是总需要，而是边际需要"[2]。在其他条件一定的情况下，边际生产力主要由劳动者自身的特征决定。Mincer提出了Mincer方程，其中教育是一项重要的影响劳动力收入的因素[3]。研究结果发现，当受教育年限提高时，劳动力的收入将会提高。教育回报率显著存在说明教育提高了劳动生产率，具

---

[1] 都阳、王美艳：《中国最低工资制度的实施状况及其效果》，《中国社会科学院研究生院学报》2008年第6期。

[2] 马歇尔：《经济学原理》下卷，商务印书馆1965年版，第208页。

[3] Mincer, J. A., Schooling, Experience, and Earnings, NBER, http://papers.nber.org/books/minc74-1, 1974.

有较高教育水平的劳动者的劳动生产率也比较高，从而提高了其在劳动力市场上的回报。然而，与此并行的另一种观点认为，教育仅体现出"羊皮卷"效应[1]，教育只起了信号的作用，将劳动生产率高的人通过教育系统识别出来，在获得学位证书之后，显示出其本身的胜任工作的能力。能力比较强的人，学习成本比较低，更容易获得较高的学历。为了剔除教育中与能力有关的部分，学者对考虑能力或者是剔除能力情况下的教育回报率进行了研究[2]，研究发现，较高的教育水平依然意味着较高的收入，教育能够提高劳动生产率。上述理论和实证结果都体现出人力资本对于提高劳动者报酬的影响。

另一方面，从经济增长的源泉来看，资本、劳动、技术进步是经济潜在增长的主要来源。提高劳动生产率和人力资本将有助于提高经济增长潜力。索洛提出，当人口一定的情况下，经济增长则来源于劳动生产率提高和技术进步，人力资本提高是技术进步的重要来源之一。[3] 莎拉伊马丁利用大量实证研究列出来与经济增长密切相关的一系列因素，教育水平是其中重要的一项。[4] 教育水平被转化为更高技能的劳动力和更高的劳动生产率，推动经济进入更高水平。当增长理论转向内生增长模型时，人力资本特别是教育的外部性，成为规模报

---

[1] Spence, Michael, "Job Market Signaling", *Quarterly Journal of Economics*, 1973.

[2] Angrist, Joshua D. and Alan B. Krueger, "Does Compulsory School Attendance Affect Schooling and Earnings?", *The Quarterly Journal of Economics*, 1991, 106 (4), pp. 979 – 1014; Ashenfelter, Orley and Alan Krueger, "Estimates of the Economic Return to Schooling from a New Sample of Twins", *The American Economic Review*, 1994, 84 (5), pp. 1157 – 1173.

[3] Solow, Robert M., "Technical Change and the Aggregate Production Function", *The Review of Economics and Statistics*, 1957, 39 (3).

[4] Sala – I – Martin, Xavier X., "I Just Ran Two Million Regressions", *The American Economic Review*, 1997, 87 (2).

酬递增的源泉，是推动经济增长的重要动力。舒尔茨认为，从长期来看，最重要的投资应该是人力资本投资。① 从宏观分配格局来看，劳动报酬是经济总量的一部分，保持经济持续稳定的发展，不断"做大蛋糕"才能为提高劳动报酬预备更好的物质基础。

利用中国的数据进行实证研究的结果显示出，人力资本提高将会提高劳动者的报酬，同时人力资本对经济增长的贡献也比较大。从微观来看，教育对劳动者报酬具有显著影响。依据2004年的调查数据发现，每增加1年教育，个人收入会增加4.34%；同时，教育回报率还展现出随收入水平增加而增加的趋势，最高95%收入者的教育回报率是最低5%收入者的2倍多②。从宏观来看，对中国GDP增长因素进行分解时发现，人力资本对中国经济增长发挥了重要作用。1978—2008年，在资本存量、劳动力、以受教育年限衡量的人力资本存量和全要素生产率诸因素中，人力资本贡献率为11.7%；当考虑到不同教育水平具有不同的生产率时，人力资本贡献率进一步提高到38%③。

另一个值得注意的方面是，人力资本决定劳动者收入的同时，也决定了劳动者收入分配的结构。人力资本低的劳动者其收入水平也低，人力资本越高则收入水平越高。因此，从劳动力群体来看，人力资本的结构则会在很大程度上影响劳动力的收入分配结构。第六次人

---

① 西奥多·W. 舒尔茨：《报酬递增的源泉》，姚志勇、刘群艺译，北京大学出版社2001年版。

② 张车伟：《人力资本回报率变化与收入差距："马太效应"及其政策含义》，《经济研究》2006年第12期。

③ Whalley, John and Xiliang Zhao, "The Contribution of Human Capital to China's Economic Growth", NBER Working Paper 16592, http://www.nber.org/papers/w16592, 2010.

口普查数据显示，中国 16 岁以上人口的平均受教育年限为 8.91 年，城市、镇、农村人口分别是 10.84 年、9.21 年、7.57 年。从社会结构来看，处于底层的劳动者中最主要的是农民。从经济社会地位指数的数值来看，农村全体劳动者中的 96.7% 在 40 分以下。[①] 人力资本水平偏低，尤其是镇和农村，这将使低收入群体因受人力资本的限制难以进入中等收入群体的行列。人力资本提高有助于推动劳动力群体人力资本结构的升级，逐步扩大中高等人力资本群体，使其成为劳动力群体的中坚力量。这将从根本上为扩大中等收入群体提供基础。

与此同时，随着人口红利的消失，中国进入了新的发展阶段。这个阶段更加符合索洛增长模型中"人口一定"这个假设，在这种情况下，经济增长的来源在于人力资本不断提高。鉴于此，人力资本不仅是微观层面劳动者收入提高、改善收入分配结构的基础，而且是推动经济持续增长的核心动力。

三 缩小地区差别的发展政策的作用

2000 年中国跨越低收入国家进入下中等收入国家的行列，同时在总体上达到了小康水平。虽然在总体上达到了小康水平，但是发展水平依然比较低，东西部之间的地区差异仍然非常大。针对东西部之间的差异，在总体上达到小康水平的前一年，即 1999 年，国家决定实施西部大开发战略。西部大开发的范围包括云南、四川、贵州、陕西、甘肃、宁夏、新疆、青海、西藏、重庆、内蒙古和广西 12 个省、

[①] 在对全部就业人口的经济社会地位指数的计算中，90 分为最高分，40 分处于中下水平。李强：《"丁字型"社会结构与"结构紧张"》，《社会学研究》2005 年第 2 期。

市、自治区。根据资源禀赋条件来看,西部地区具有丰富的资源矿藏,能够为东部提供大量的矿产资源。在西部大开发之前,西部地区的工业化发展过程更多地依靠资源优势,依靠向东部地区输送资源获得发展。但是从国际经验来看,资源的富足并不一定带来经济发展和居民富裕。荷兰病和"资源的咒诅"是对这类问题的统称。荷兰病是指一个国家随着资源的开发而发生制造业萎缩、国内物价上涨和本币升值的现象。"资源的咒诅"则更加宽泛,一般是指一个国家或地区的人均收入没有因为资源开发而提高的现象,或者是指一个资源丰富的国家或地区比一个资源贫瘠的国家或地区人均收入增长更慢的现象。

除了单纯依靠资源发展容易导致荷兰病和"资源的咒诅"之外,资源出口往往以初级产品为主。在中心—外围假说下,发达国家的技术进步并没有改善发展中国家的贸易条件,反而使之恶化。主要生产工业品的中心国家和主要生产初级产品的外围国家之间的劳动力收入差距将会越来越大。尽管这是在贸易条件和不同资源禀赋国家之间进行的比较,但是中国的地区差异大,不同地区之间资源禀赋也存在巨大差异。因此,如果西部地区一直以出售资源作为其发展的核心,则非常容易成为外围地区,与东部发达地区之间差距则会持续变大。

为了避免荷兰病和"资源的咒诅"以及中心—外围假说下差距扩大,有必要通过适当的政策倾斜和扶持,推动中西部地区的可持续发展。从经济发展的条件来看,资本、劳动和技术进步是其重要来源。对于发展落后的国家或地区,物质资本积累和人力资本积累将成为推动经济发展的重要支柱。由此,政策倾斜和扶持的方向则是物质资本积累和人力资本积累。西部大开发的实施,使得西部地区2000年以来的年均经济增长率增加了约 1.5 个百分点，促使中国区域经济从趋异转向收敛；主要是通过大量的实物资本特别是基础设施投资实现的，教育发展、科技进步及软环境并没有因为西部大开发而得到显著改善[①]。但是也有研究发现，西部大开发并未有效推动西部地区 GDP 及其人均 GDP 的快速增长。中央政府和地方政府都过度集中于固定资产投资和资源能源开发，却忽视了体制改革和软环境建设，造成人力资本挤出、产业结构调整滞后，导致西部大开发的政策效应没有得到有效发挥[②]。由此可见，西部大开发政策对带动西部经济发展的作用比较有限，突出的原因在于，只注重了物质资本投资和积累，忽视了人力资本投资和积累。

依据前文关于提高人力资本对经济增长的分析可知，在人口红利逐渐消失，人口基本保持一定规模甚至下降的情况下，人力资本提高将成为经济增长的源泉。鉴于此，对西部等落后地区的支持则更应该体现在人力资本推动西部地区快速发展的同时，也能够为中国经济稳定持续地发展提供动力。另外，固定资产的投资，特别是基础设施的投资，其收益期比较长，能够为后续的经济发展提供基础。从近期来看，基础设施投资的收益或者是对经济增长的推动作用比较有限，但基础设施投资是经济发展发展的必要条件。例如，美国西部大开发的过程中，交通线的建设成为美国西部地区开发的动力[③]。

[①] 刘生龙、王亚华、胡鞍钢：《西部大开发成效与中国区域经济收敛》，《经济研究》2009 年第 9 期。

[②] 刘瑞明、赵仁杰：《西部大开发：增长驱动还是政策陷阱——基于 PSM – DID 方法的研究》，《中国工业经济》2015 年第 6 期。

[③] 辜胜阻、徐进、郑凌云：《美国西部开发中的人口迁移与城镇化及其界点》，《中国人口科学》2002 年第 1 期。

1999年实施西部大开发战略之后，2003年和2006年相继实施了"振兴东北老工业基地"和"中部崛起"战略，为东北和中部地区的发展提供了政策上的倾斜。从经济学理论来看，推动落后地区的发展，主要在于推动当地的物质资本积累和人力资本积累。东北部和中部地区虽然比西部地区的经济发展水平高，但是同样与东部发达地区具有较大的差距。在这个共同规律的作用下，在对东北和中部地区进行政策扶持时，物质资本投资和人力资本投资都值得关注。

推动落后地区发展、实现地区均衡发展是共同富裕的具体体现。当一部分地区富裕起来之后，通过扶持落后地区的发展逐步实现共同富裕。这是共同富裕理念中的核心内容。共享发展的理念正是建立在共同富裕基础之上的，使经济发展成果更多地被共享，通过更多地分享经济成果推动经济的进一步发展。具体到地区均衡发展政策上，借助于政策上的倾斜，使西部、东北和中部地区能够获得更多的支持和机会，推动这些地区发展。十八大以来，在缩小地区收入差距方面，则更加倾向于借助微观环境的改变，充分发挥市场的作用。例如：促进就业机会公平、提高职业技能、鼓励社会资本投资，推进基本公共服务均等化等。

四 缩小城乡差别的产业发展政策的作用

农业的改革与经济增长紧密相连。当经济增长时，按人均增长率测算，农业在总产出中的份额会下降。这是因为根据恩格尔定律，随着人们真实收入的增加，他们在食物上所花费的收入比重将会越来越小。这意味随着经济的不断增长，对农产品需求的增长会相对下降。

第五章 共享发展新理念、新思路 | 157

如果农业供给的增速快于需求的增速,"谷贱伤农"则势必会发生。从 GDP 的结构来看,随着经济发展,农业所占的比重将会持续下降。根据图 5—1 可知,在日本经济快速发展的过程中,农业占 GDP 的比例不断快速下降,1990 年时则下降至 2.12%。1990 年日本已经是一个发达国家,结合美国和英国的情况来看,这些国家中农业占 GDP 的比重都在 2% 以下,甚至还有逐渐降低的趋势,尽管非常缓慢。2013 年美国、英国和日本的农业占 GDP 比重分别是 1.45%、0.69% 和 1.21%。在农业增加值占比下降的同时,从事农业的劳动力占比也在不断地下降(见图 5—2)。

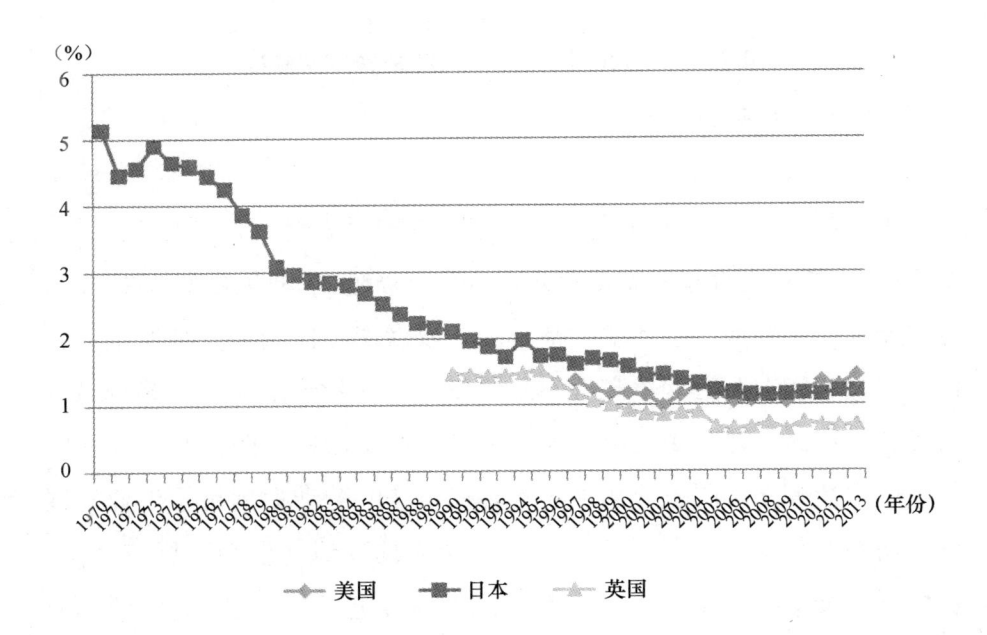

图 5—1 发达国家农业占比的变化趋势

数据来源:《世界发展指数 2016》。

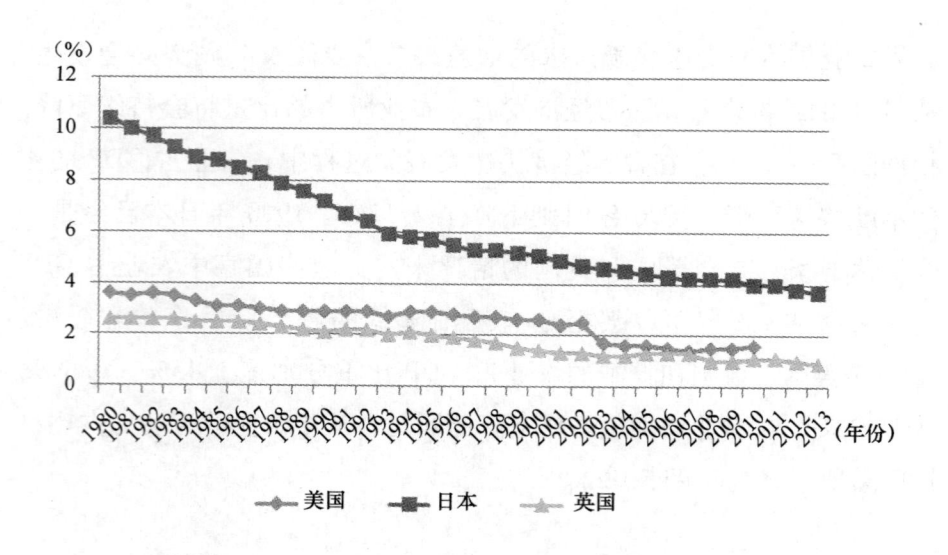

图5—2 发达国家农业就业人口占比的变化趋势

数据来源:《世界发展指数2016》。

由此可见,在能够满足国内日益增加的对农产品需求的情况下,农业占GDP的比重和农业就业人口占全部就业人口的比重同时下降,这则要求农业的劳动生产率大幅提高。或者说,伴随着经济发展,机械化的发展使农业劳动生产率不断提高,从而使大量的农业劳动力转向工业。在这个过程中,由于农业劳动力的生产率不断提高,农民的收入也不断提高。同时,从农业中转移出来的劳动力满足了工业发展对劳动力的需求。从劳动迁移模型来看,在达到刘易斯转折点之前,农村剩余劳动力的劳动生产率为0或者是接近于0,劳动力源源不断地从农村转移到城市;到达刘易斯转折点之后,农村劳动力的劳动生产率提高了,如果工业部门需要继续从农业中吸引劳动力,则需要提高工资。农业劳动力不断迁移,提高了农业的劳动生产率,从而提高了农民收入。

根据上述经济发展规律以及国际经验来看，在经济发展过程中，提高农业劳动生产率是缩小城乡收入差距的关键。影响农业劳动生产率提高的因素，主要包括以下四个方面：一是剩余的劳动力能否实现迁移；二是农业的现代化水平能否提高；三是土地流转能否实现；四是人力资本能否提高。

首先，剩余劳动力迁移对缩小城乡收入差距的作用。在中国经济快速发展的过程中，限制农村劳动力迁移的障碍逐渐减弱。1984年人民日报刊登了《关于一九八四年农村工作的通知》放宽了农民向城镇流动的限制。1989—1991年控制人口盲目流动，1992年之后鼓励农村劳动力流动，2003年废止了《城市流浪乞讨人员收容遣送办法》，此后出台了一系列关于农民工获得基本公共服务的政策，包括社会保障、随迁子女教育、就业培训等多个方面。农民工的规模不断扩大，虽然城乡之间的收入差距依然比较大，但是农村劳动力的迁移具有缩小城乡收入差距的作用[1]。

其次，土地流转和农业现代化对缩小收入差距的作用。家庭联产承包责任制将土地按照家庭人口规模分给农户，农户拥有使用权，通过制度政策将这种使用权保持了较长的年限。这大幅提高了农民的积极性，进而提高了农业劳动生产率。然而，每户的土地面积并不是很多，特别是在地少人多的地区，这成为机械化、现代化农业发展的巨大障碍。另外，随着大量农民进城务工，闲置土地流转也成为农村亟待解决的问题。1997年在《中共中央办公厅、国务院办公厅关于进一步稳定和完善农村土地承包关系的通知》中提出了土地流转的规定，并在2003年出台的《中华人民共和国农村土地承包法》中明确

---

[1] 蔡昉、王美艳：《为什么劳动力流动没有缩小城乡收入差距》，《经济学动态》2009年第8期。

规定了土地流转的内容。从研究结果来看,增加农户承租和转租土地数量将会显著提高农户人均纯收入[①]。

最后,人力资本提高对缩小收入差距的作用。根据本节关于人力资本与劳动报酬之间的分析可知,人力资本提高能够提高劳动生产率,进而提高收入报酬。中国的城市倾向性政策以及户籍制度的限制,使城乡之间在公共教育获得上存在巨大差距。根据中国2010年第六次人口普查的数据可知[②],16岁以上人口的平均受教育年限为8.91年,城市、镇、农村人口分别是10.84年、9.21年、7.57年。由此可见,农村和镇的受教育水平远低于城市,如果考虑教育质量的差异,则城乡之间的教育差距将会更大。从入学率来看,农村和镇的适龄儿童的入学率在小学和初中阶段与城市的相差不大,但是高中的入学率却存在巨大差异。2012年城市普通高中的入学率为75%,农村和镇加总之后的入学率仅为34%。[③]

从中国推动农业发展的政策来看,已经实施的上述政策取得了积极的效果。基于农业发展慢于工业发展的客观规律,推动农业人口迁移,使其进入工业,从而能够分享经济发展的成果。农业劳动生产率提高的核心在于能够实现机械化、现代化。在继续推动土地流转的情况下,推动农业组织方式的改变,提高农户经营的土地面积,为实现

---

① 王春超:《农村土地流转、劳动力资源配置与农民收入增长:基于中国17省份农户调查的实证研究》,《农业技术经济》2011年第1期。

② 根据国家统计局网站第六次人口普查数据计算得到。http://www.stats.gov.cn/tjsj/pcsj/rkpc/6rp/indexch.htm。

③ 数据来源于《中国人口和就业统计年鉴2013》,根据分年龄数据计算了适龄人口。由于各地区之间的入学年龄不统一,依据全国分年龄人口数直接计算的适龄人口数不够精确,但是并不会影响城乡之间入学率差距较大的判断。由于2001年国务院颁布了《关于基础教育改革与发展的决定》,将农村学生少、办学条件差的中小学渐渐撤销,并入乡镇中心学校,所以使用农村和镇加总之后的数据再计算入学率。

机械化、现代化提供基础。在 2012 年出台的《中共中央、国务院关于加快发展现代农业进一步增强农村发展活力的若干意见》中，在农业劳动力迁移方面，强调了有序推进农业转移人口市民化，这将增强农民工在城市的稳定性，推进农业人口转移；在土地和现代化发展方面，强调了稳定农村土地承包关系、提高农户集约经营水平、支持发展农民合作组织，机械化和现代化需要基础设施作为辅助，农村基础设施的建设和投资也成为其中重要内容；在提高人力资本方面，大力发展农村社会事业，完善农村中小学校舍建设改造长效机制。提高农业劳动生产率成为其中重要的内容，这无疑有助于提高农民在初次分配中的收益，进而缩小城乡之间的收入差距。

◇ 第三节 共享理念下再分配的新思路

共享发展的理念是中国特色社会主义的本质要求。中国的经济总量已经达到世界第二位，但是在共享发展成果方面仍然存在不少问题，其中收入差距过大、绝对贫困人口仍然较多、区域发展不平衡等都是突出的问题。不解决这些问题，就难以实现中华民族的伟大复兴，也难以实现全面建成小康社会[①]。这些问题都是中国经济快速发展过程中产生的问题，一些问题，比如区域发展的不平衡、个人收入差距过大等，也有其必然性，属于发展阶段的问题。中央提出共享发展，也是基于这样的背景，需要在坚持马克思主义的前提下探索新的发展理念。在实现共享发展的路径上，十八届五中全会提出"作出更

---

① 蒋永穆、张晓磊：《共享发展与全面建成小康社会》，《思想理论教育导刊》2016 年第 3 期。

有效的制度安排"①。这一要求具有很强的现实指导意义：即主要通过制度建设和制度安排来实现共享发展。在实现共享发展的制度安排中，收入再分配的制度框架和制度安排至关重要②。

通过收入再分配方式的改革以及相关制度的完善实现包容性的共享发展，在理念上除了发展成果的共享外，还需要考虑和分析发展过程的公平性、共享方式和手段的可持续性③。要充分吸收国际社会在收入再分配方面的前沿理念和行之有效的方式方法为我所用，实现公平的、可持续的、统筹协调的共享发展。

一 社会保护与人力资本型社会投资

社会保障作为主要的收入再分配政策之一，是实现共享发展的主要制度安排。在十八大、十八届三中全会和五中全会中，对社会保障制度的改革和完善都提出了明确的政策措施。这些政策也充分吸收了当前国际社会保障制度发展的前沿理念。传统上，社会保障是作为"社会安全网"存在的，旨在为市场竞争中的失败者提供帮助。20世纪80年代以来，社会保护理念逐渐取代了传统的社会保障理念。社会保护一般定义为国家和社会采取的旨在应对脆弱性（Vulnerability）、风险（Risk）与剥夺（Deprivation）的一系列公共政策（Public Actions）；在给定的社会及政治框架中，这些脆弱性、风险与剥夺被认为是社会不可接受的。通过公共政策为社会成员提供相应的保护，

---

① 《中共中央关于制定国民经济和社会发展第十三个五年规划的建议》，2015年。
② 赵满华：《共享发展的科学内涵及实现机制研究》，《经济问题》2016年第3期。
③ 余达淮、刘沛妤：《共享发展的思维方式、目标与实践路径》，《南京社会科学》2016年第5期。

消除脆弱性，管控风险，以及消除各种形式的剥夺，其主要目的在于提升社会的公平性与安全性，促进社会的流动性、包容性，以及维护社会稳定①。与传统的社会保障相比，社会保护有如下特征②：

第一，在充分考虑受保护群体现实条件的基础上，关切弱势群体需求，根据他们的现实需要提供保护，具有明显的针对性。同时，社会保障项目的侧重点从事后救助向事前干预转变，从消极保障向积极保障转变。

第二，对可支付与可持续性的重视。在社会保护的概念和政策框架中，政府所提供的保护不仅是公共预算可支付的，而且也要考虑家庭和社会的可支付能力。因为即使接受社会提供的保护，一些脆弱群体也没有能力获得或使用这种保护。可持续性既包括政治上的可持续性，也包括财务上的可持续性。

第三，着眼于提升个人、家庭和社区应对风险能力，防止福利依赖。社会保护对脆弱人群的保护着眼于提升他们自身应对风险的能力，而不是局限于消极地提供收入补偿。在福利主义的社会保障制度中，最易产生的问题就是社会成员的福利依赖与福利刚性。在社会保护的理念中，社会保护对社会成员提供的支持主要是应对风险能力的提升。这种支持也为经济持续增长提供了人力资本基础。

第四，社会保护强调保护内容的灵活性，要能够适应快速变化的经济社会环境，满足社会成员在不同生命周期的需求变化。在生命周

---

① Norton, A., Conway, T., and Foster, M., Social Protection Concepts and Approaches: Implications for Policy and Practice in International Development, London: Overseas Development Institute, Working Paper 143, 2001.

② 葛婧、王震：《国际社会保障制度的演变及其对中国的启示》，《社会科学战线》2014年第10期；公维才、薛兴利：《西方社会保障理念的嬗变及其启示——兼论社会保障制度中的政府职能》，《中国特色社会主义研究》2011年第4期。

期的不同阶段，社会成员面临的风险类型是不同的，需要获得保护的侧重点也不同。社会保护强调需要适应这种变化，比如对儿童、劳动年龄组且又无法获得足够收入的人员以及老年人等提供更具针对性的保护。现代社会保障制度改革的焦点是在应对社会风险、提供经济安全与经济增长之间寻求平衡点。社会保护的理念在两者之间找到了一个连接点，这个连接点就是基于能力提升的人力资本投资。提升社会成员应对风险的能力的主要途径之一就是人力资本投资，而人力资本投资又是现代经济增长的主要来源。

社会保护的理念延伸到收入再分配政策上，要求在社会保障的制度设计中，更加重视人力资本的投资，重视提升个人应对社会风险的能力，将个人的发展与社会的发展结合起来，将社会的再分配政策视作新型的人力资本投资。这也是当前国际社会推行的发展型社会政策的主旨[1]：特别关注人力资本的积累以及劳动力人群是否顺利进入劳动力市场；关注社会政策对于经济发展的贡献，强调经济社会的统筹协调发展；社会的再分配政策同时也是社会投资，是增强国家竞争力的手段；更加强调社会风险的"上游干预"，重视前端干预战略。

二 精准扶贫与精准再分配的新思路

"精准扶贫"最早是在 2013 年 11 月，习近平到湖南湘西考察时首次作出了"实事求是、因地制宜、分类指导、精准扶贫"的重要指示。2014 年 3 月，习近平参加两会代表团审议时强调，要实施

---

[1] 张秀兰、梅志里、徐月宾：《中国发展型社会政策论纲》，中国劳动社会保障出版社 2007 年版。

精准扶贫，瞄准扶贫对象，进行重点施策，进一步阐释了精准扶贫理念。提出精准扶贫的背景在于之前的扶贫工作的主要特征是区域瞄准，并没有识别到农户[①]。20世纪80年代中期开始，中国主要扶贫对象是国家以及省确定的贫困县，2001年开始将扶贫重点转向15万个贫困村，2011年又确定了14个连片特困地区。[②] 但是，随着整体经济形势的发展，特别是收入分配不平等程度的扩大，以区域开发为重点的扶贫已经出现了偏离目标和扶贫效果下降的问题。收入不平等程度的扩大意味着处于收入分配底端的贫困人口越来越难以享受到经济增长的好处，即经济增长的减贫效果下降。在经济增长减贫效果下降的情况下，实施更加有针对性的扶贫政策来直接对贫困人口进行帮扶就显得越来越重要[③]。精准扶贫的思想就是在这一背景下提出的。

精准扶贫的思路不仅对于解决中国的贫困问题是一个创新，而且对公共服务的提供、转移支付的实施以及其他再分配政策的实施都提出了新的思路和方法。中国收入再分配的诸多政策手段的再分配效应都不那么明显，很重要的原因就是政策的"瞄准"机制不足。公共支出以及转移支付需要对人群进行"精准"瞄准才能提高其效果。从精准扶贫的思想出发，收入再分配政策的完善需要"精准识别、精准扶持、精准管理、精准考核"。

建立精准识别机制。精准识别是实现收入再分配政策精准化的前提和基础，精准识别强调要通过民主、科学和透明的程序将需要救助

[①] Park, A., Wang, S., and Wu, G., "Regional Poverty Targeting in China", *Journal of Public Economics*, Vol. 86, 2002.

[②] 中共中央、国务院：《中国农村扶贫开发纲要（2011—2020年）》，2011年。

[③] 汪三贵、郭子豪：《论中国的精准扶贫》，《贵州社会科学》2015年第5期。

和帮扶的居民识别出来，重点在于识别出最需要扶持的居民。精准帮扶是关键，需要充分了解被帮扶对象的特殊需要，做到因人、因户、因不同的原因进行帮扶。精准管理，所有被帮扶的家庭和人的信息都能运用现代化的、信息化的手段进行管理，通过及时的指标分析进行动态化调整。精准考核，对政策实施的过程、效果进行及时、动态监测，做到精准考核[①]。

三 促进人力资本投资型服务业发展

教育、医疗等社会服务在传统上一般被认为是公共服务，多数国家将其作为政府公共支出的重要组成部分，同时也是收入再分配的主要政策手段。这些公共服务在中国的政策框架中被当作民生事业或社会事业发展的重要内容。但是，随着中国经济发展的转型、居民收入水平的提高以及由此带来的需求结构的变化，这类服务的提供模式需要创新。在现代社会保护的理念以及收入再分配的理念支持下，包括教育、医疗、文化等社会服务还是主要的人力资本投资的方式。这也反映了从温饱型小康社会向富裕型小康社会的转变。

从经济发展的经验性规律看，随着经济发展水平和居民收入水平的提高，在解决了"吃、穿、住"等温饱型需求后，社会的需求结构也发生了变化，主要转向"住、行、学"等"软性需求"[②]，对教育、医疗、文化、健康等的需求快速上升。这些服务业还同时是人力资本

[①] 葛志军、邢成举：《精准扶贫：内涵、实践困境及其原因阐释——基于宁夏银川两个村庄的调查》，《贵州社会科学》2015年第5期。

[②] 王国刚：《城镇化：中国经济发展方式转变的重心所在》，《经济研究》2010年第12期。

投资型服务业，具有很强的收入再分配效应。从国际经验看，随着经济发展水平提高，对"科、教、文、卫"等人力资本投资型服务业的需求在总需求中的比例也快速提升。美国作为发达资本主义国家，在20世纪90年代初期对科、教、文、卫等社会服务的需求就超过了对衣食住行等普通日常生活的需求，且这一趋势还在不断上升；韩国也表现出了这样的趋势，随着经济增长，对科、教、文、卫的需求快速增长（见图5—3）。与需求结构变动相关的是产业结构的变动：第三产业成为主导产业，在第三产业中与人力资本投资相关的产业，比如教育、健康服务等成为主要的产业。图5—4给出了一些国家和地区在不同的发展阶段健康服务业产值占GDP的比重情况，当人均GDP超过2万美元后，健康服务业的产值快速增加，一些国家健康服务业的产值接近GDP的10%。

中国的经济总量在2010年超过日本成为第二大经济体。从经济发展水平看，以人均GDP衡量，2015年中国已超过7600美元，成为上中等收入国家。一些城市和省份，例如北京、上海、江苏等地，也超过了联合国确定的高收入线，成为发达经济体（见图5—5）。这也意味着中国将进入一个需求结构转换期，对诸如科、教、文、卫等人力资本投资型的需求将大大上升。而这些社会服务在传统体制下主要由政府直接提供。中国特有的公立事业单位是这些社会服务提供的主体。但是，公立事业单位的体制从运行效果看，不仅效率低下，不能满足居民的需求变动，而且公平性也很差。前文分析的中国公共服务的收入再分配效应不明显，甚至存在逆向收入分配效应，与这种行政化的供给体制有很大关系。因此，创新人力资本投资型社会服务的供给体制是新形势下创新再分配政策的必然要求。十八届三中全会对事业单位改革提出的要求是"去行政化"

also是这个含义。

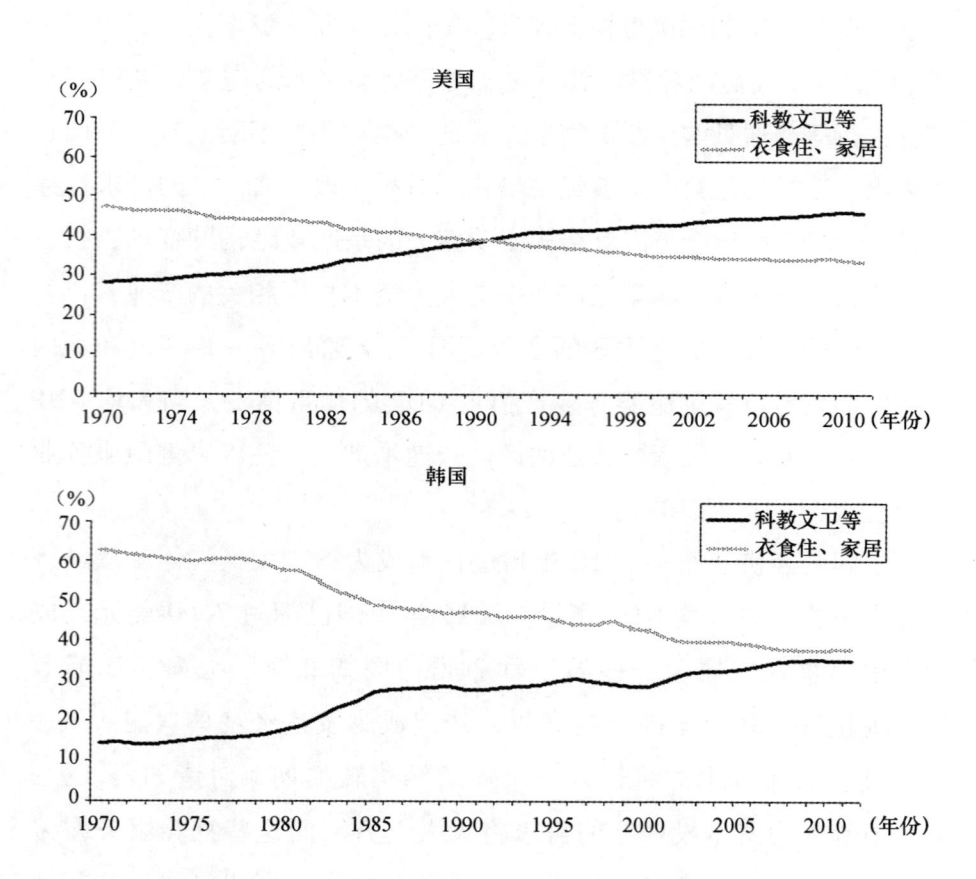

图5—3 美国和韩国科、教、文、卫需求占总需求的比重

数据来源：中国经济增长前沿课题组：《突破经济增长减速的新要素供给理论、体制与政策选择》，《经济研究》2015年第11期。

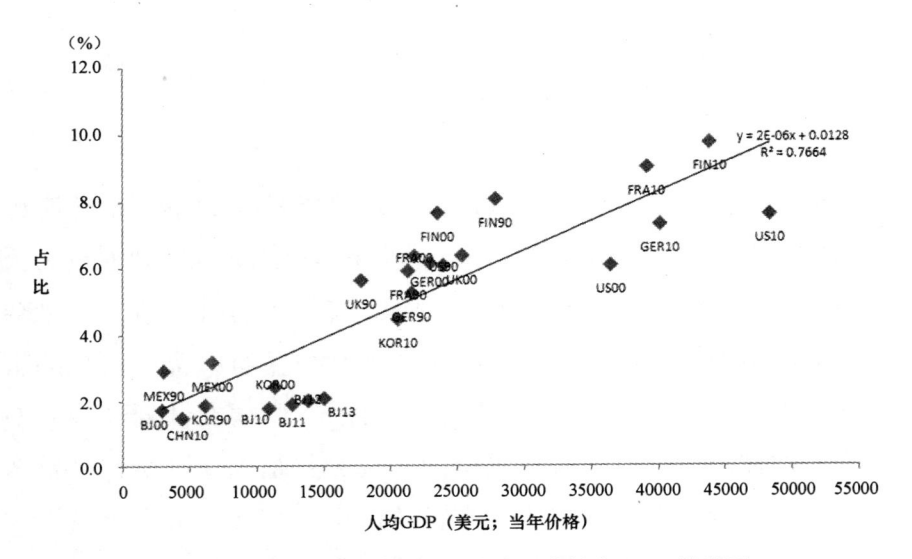

图 5—4　一些国家和地区健康产业产值占 GDP 的比重

数据来源：其他国家数据来源于 OECD 的 STAN database for structural analysis，以及 World bank database。北京的数据来自历年《北京统计年鉴》，北京 2013 年的数据来自《2013 年北京市国民经济统计公报》。

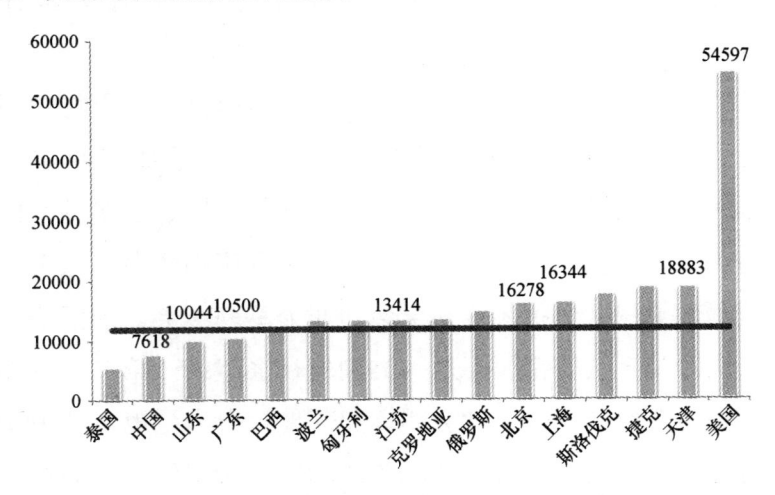

图 5—5　中国及一些省份与其他国家和地区的人均 GDP（2015 年）

注：单位为美元（当年价）；图中横线为联合国确定的高收入线（11906 美元）。

数据来源：《中国统计年鉴》。

四 大力发展社会公益组织

在现代市场经济条件下,承担收入再分配职能的不仅是政府部门,还包括广泛的社会公益组织。自工业革命以来,虽然政府成为公共服务、转移支付等收入再分配的主要实施者,但是不论在西方社会还是在传统中国,非政府的、非市场的社会公益组织都有长久的历史,并承担了传统社会主要的社会保障功能[1]。中国在计划经济时期因为利益主体的单一性,大量民间的社会公益组织要么消亡、要么成为政府机构的一部分,或成为准行政部门。社会主义市场经济的建立,一个主要的社会变化是利益主体的多元化。在政府和个人之间需要一个中间的社会阶层以协调不同的利益主体之间的关系,并承担大量的不便于政府承担的社会公益职能。这其中就包含了大量社会服务的提供、民间慈善捐助、社会互助互济等收入再分配的功能。

现阶段,根据组织性质、业务内容和运营机制,可以将中国的社会组织分为三类:第一,社会团体,是由公民或企事业单位自愿组成、按章程开展活动的社会组织,包括行业性社团、学术性社团、专业性社团和联合性社团。第二,基金会,是利用捐赠财产从事公益事业的非营利性组织,包括公募基金会和非公募基金会。中国残疾人联合会、宋庆龄基金会等都属于这一类别的社会组织。第三,民办非企业单位,是由企事业单位、社会团体和其他社会力量以及公民个人利用非国有资产举办的、从事社会服务活动的社会组织,分为教育、卫

---

[1] 秦晖:《从传统民间公益组织到现代"第三部门"——中西公益事业史比较的若干问题》,载《传统十论》,复旦大学出版社2004年版。

生、科技、文化、劳动、民政、体育、中介服务和法律服务十大类。

改革开放以来，中国社会组织发展迅速，且广泛分布于各行各业。截至 2014 年年底，全国登记注册的社会组织已达 60.6 万个，比上一年度增加 10.8%。其中，社会团体 31.0 万个，包括以工商社会服务类、科技研究类、教育类、卫生类、文化类等各类团体，比上年增长 7.2%；民办非企业单位 29.2 万个，比上年增长 14.7%；基金会 4117 个，比上年增长 16.0%。[①] 这客观上说明社会组织已经开始广泛地参与社会治理，成为构建和谐社会的中坚力量。

2006 年，中国共产党十六届六中全会首次提出"社会组织"这一概念，并提出"健全社会组织，增强服务社会功能。鼓励社会力量在教育、科技、文化、卫生、体育、社会福利等领域兴办民办非企业单位。发挥行业协会、学会、商会等社会团体的社会功能，为经济社会发展服务。发展和规范各类基金会，促进公益事业发展"。2007 年，中国共产党第十七次全国代表大会明确将健全和发展社会组织纳入社会建设与管理、构建和谐社会的工作大局。2013 年，中国共产党十八届三中全会又进一步建议，"适合由社会组织提供的公共服务和解决的事项，交由社会组织承担"。

但从社会组织发展水平而言，与发达国家相比，中国社会组织发展仍处于初级阶段。根本原因在于，社会服务行业，如教育、医疗、科研、文化、行业协会等，是社会组织发展的主要领域。而这些领域，迄今为止在中国主要由事业单位组成。这些事业单位是国有的行政化机构，运营效率低下、公平性缺失。这就促使政府在转变自身职能的同时，需要重新思考自身及社会组织的定位，改革事业单位体

---

① 中华人民共和国民政部：《2014 年社会服务发展统计公报》，http://www.mca.gov.cn/article/zwgk/mzyw/201506/20150600832371.shtml。

制，释放体制内人才的创造性，让社会组织在社会治理中发挥更积极的作用。

第四节　经济转型与收入分配政策的新挑战

中国经济发展进入新常态，中低速增长的"L"型增长路径将持续一个较长时期。[①] 从经济增长速度来看，这一下降过程从 2008 年和 2009 年就开始了。2010 年之后，这一过程更加明显（见图 5—6）。经过一个高速经济增长阶段后，进入一个中速和低速增长期，是经济发展的一个经验性规律。这意味着前期的"赶超型"增长已经不可持续，

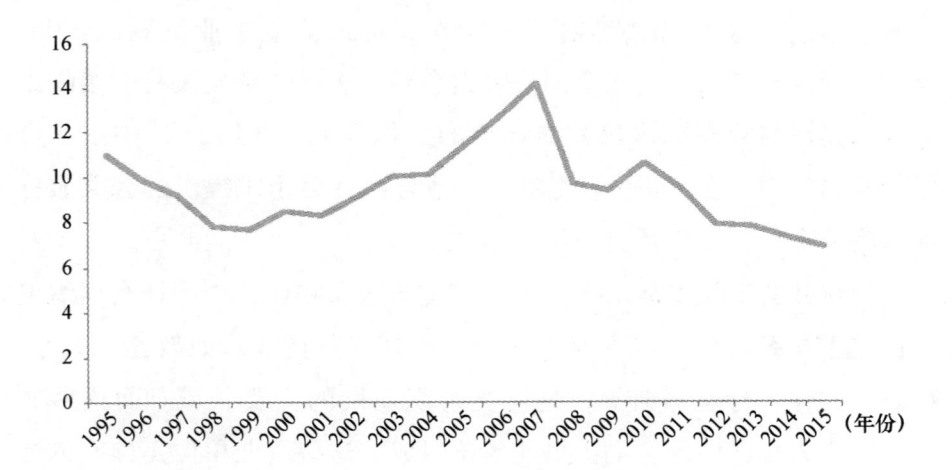

图 5—6　中国国内生产总值过去 20 年实际增长率变化情况（1995—2015 年）
数据来源：《中国统计年鉴》相关年份。

[①]《开局首季问大势——权威人士谈当前中国经济》，《人民日报》2016 年 5 月 9 日。

通过模仿和学习发达国家的经验,利用本国丰富的劳动力资源、自然资源和土地资源实现高速经济增长的发展战略要转型,以外延式、粗放型增长为特征的发展方式要转变,以重型工业化为主的发展动力要重构。在这样的情况下,中国的收入分配政策面临新的调整,需要从根本上进行转变。

一 经济转型期的新挑战

1. 以信息技术、移动技术为代表的新技术发展对产业组织、就业模式的冲击

现代信息技术和移动技术已成为当前技术发展的前沿,以"互联网+"为代表的新经济已成为当前新的经济增长点。"互联网+"极大地降低了信息成本和交易成本,改变了传统工业化时代的产业组织结构和就业模式。在以工厂制为代表的工业化时期,就业以"雇主+雇员"的形式为主。没有雇主的就业被称为"非正规就业"(informal employment)[①]。但是以"互联网+"为代表的新经济由于极大降低了信息成本和交易成本,使得工厂制的产业组织模式受到极大冲击。在现实中,以淘宝、天猫为代表的商业模式,以滴滴、优步为代表的出行模式,以百度、美团等为代表的外卖模式,极大冲击了原有的产业组织结构,使得自由、灵活就业在就业中所占的比例不断上升。据中国就业促进会与阿里巴巴集团联合开展的关于网络创业就业统计和社保问题的专项研究,以网络创业者户均就业人数推算,全

---

① Hussmanns, R., "Measuring the Informal Economy: From Employment in the Informal Sector to Informal Employment", Policy Integration Department Working Papers No. 53, ILO, 2005.

国网络创业就业总体规模接近1000万人。从统计数据看,截至2013年城镇就业群体中的个体就业者已占全部城镇就业人口的16.1%(见表5—1)。

2. 快速城镇化以及大规模人口流动的常态化

20世纪80年代以来,人口流动成为中国经济社会的主要特征之一,流动人口的规模从80年代的几百万人增长到2010年的2.2亿人[1]。这其中规模最大当属乡城流动人口(农民工)。截至2014年,中国农民工数量为2.74亿人,其中外出农民工(流动到本乡外)数量达到1.68亿人,占城镇就业人员的比重为42.8%。随着中国人口结构及产业结构的变化,农民工的绝对数量虽然在增加,但占城镇就业人员的比重近年来呈现下降趋势(见表5—1)。虽然如此,在中国庞大的农村人口基数及未来不断地城镇化过程中,乡城流动人口仍将构成大规模的人口流动的主力。与此同时,城城流动人口在不断增加,占流动人口的比重不断上升。2010年"六普"数据显示,城城流动人口规模已达4700万人,占全部流动人口的比重达到21%(乡城流动人口占比为63%)[2]。2014年的国务院政府工作报告提出今后一个时期要着重解决好现有的"三个1亿人"问题,促进约1亿农业转移人口落户城镇,改造约1亿人居住的城镇棚户区和城中村,引导约1亿人在中西部地区就近城镇化,就是在这个背景下提出的。

---

[1] 郑真真、杨舸:《中国人口流动现状及未来趋势》,《人民论坛》2013年第11期。

[2] 马小红、段成荣、郭静:《四类流动人口的比较研究》,《中国人口科学》2014年第5期。

表 5—1　　　　　城镇就业人员中外出就业农民工及
城镇个体就业人员情况

年份	城镇就业人员（万人）	城镇个体就业人员（万人）	外出农民工数量（万人）	占城镇就业人员比重（%）城镇个体就业人员	占城镇就业人员比重（%）外出农民工
2004	27293	2521	—	—	—
2005	28389	2778	—	—	—
2006	29630	3012	13181	10.2	44.5
2007	30953	3310	13800	10.7	44.6
2008	32103	3609	14041	11.2	43.7
2009	33322	4245	14533	12.7	43.6
2010	34687	4467	15335	12.9	44.2
2011	35914	5227	15863	14.6	44.2
2012	37102	5643	16336	15.2	44.0
2013	38240	6142	16610	16.1	43.4
2014	39310	—	16821	—	42.8

注：外出农民工为在本乡外就业的农民工。

数据来源：历年《人力资源和社会保障事业发展统计公报》、历年《中国劳动统计年鉴》。

3. 人口结构的快速变化与人口老龄化

与经济增长速度下降相伴随的还有中国人口结构的巨大变化。中国20世纪80年代开始推行的计划生育政策使得中国的人口结构在很短的时间内就发生改变，老龄化快速上升。从老龄化程度看，2000年，中国65岁及以上人口占总人口的7.09%，已进入老龄化社会。根据预测，在未来几十年内，中国的人口老龄化会快速发展，60岁以上的老龄人口占总人口的比重将在2025年达到19.5%，在2050年接近30%。从老龄化速度上看，中国从2000年到2050年，老龄化率将上升19.8个百分点，高于美国、英国，也高于日本的老龄化速度。随着老龄人口快速增加，中国劳动年龄人口不断下降。中国15—59岁劳动年龄人口占总人口的比重,将由 2000 年的 65% 下降到 2050 年的 53.8%。

表 5—2　　　　　中国及其他国家的人口结构变动及预测　　　（单位:%)

	1950	1975	2000	2025	2050	变动情况（百分点）
美国						
0—14 岁	27	25.2	21.7	18.5	18.5	
15—59 岁	60.5	60	62.1	56.6	54.6	10.8
60 岁以上	12.5	14.8	16.1	24.8	26.9	
日本						
0—14 岁	35.4	24.3	14.7	12.1	12.5	
15—59 岁	56.9	64	62.1	52.8	45.2	19.1
60 岁以上	7.7	11.7	23.2	35.1	42.3	
中国						
0—14 岁	33.5	39.5	24.8	18.4	16.3	
15—59 岁	59	53.6	65	62.1	53.8	19.8
60 岁以上	7.5	6.9	10.1	19.5	29.9	
韩国						
0—14 岁	41.7	37.7	20.8	16	16.5	
15—59 岁	52.9	56.4	68.2	59.9	50.4	22.2
60 岁以上	5.4	5.8	11	24.1	33.2	
英国						
0—14 岁	22.3	23.3	19	15.2	15	
15—59 岁	62.1	57	60.4	55.4	51.1	13.4
60 岁以上	15.5	19.6	20.6	29.4	34	

注:1."变动情况"是指 60 岁以上人口占比从 2000 年到 2050 年的变动情况,等于 2050 年 60 岁以上人口占比减去 2000 年 60 岁以上人口占比,表示在这 50 年间老龄化的速度,这个值越大表明在这 50 年间老龄化的速度越快。2. 2025 年及 2050 年的数字为联合国的预测值。

数据来源:World Population Ageing:1950 – 2050, Department of Economic and Social Affairs Population Division, United Nations, New York:2001。

二 经济转型对收入分配状况的影响及政策调整

经济转型的大背景下,新的技术、新的产业组织、就业模式,人口流动与人口结构变化,这些新情况的出现都对中国收入分配状况产生深刻的影响,相关的政策也应该与时俱进,在坚持马克思主义的基本立场和方法的基础上,不断发展中国特色社会主义政治经济学的分配理论。

第一,新技术与新的产业组织形式,要求对按劳分配和按要素分配进行深入的分析和研究,要求对新形势下劳动价值论进行深入分析。马克思提出的劳动价值论的时代背景是资本与劳动的分离,是大工厂为主的现代工业建立和产生的时期。资本的私有化带来了对劳动的剥削,这是马克思的基本观点之一。但是,随着现代科技的发展,特别是现代信息技术和移动技术的发展,新的产业组织形式和就业模式出现了,资本与劳动的关系也发生了变化。特别是在中国已经实现了生产资料公有制为主体的情况下,资本贡献、劳动价值、其他要素的回报相互结合在一起,按劳分配与按要素分配之间的藩篱需要打破,两者都是社会主义实现共享经济的方式。

第二,将收入分配的公平性与可持续性结合起来,将平等与效率结合起来。效率与平等的关系是传统经济学的主题之一。一般认为,收入分配讲求平等会降低效率,特别是再分配政策,会降低对生产的激励,从而降低效率。但如前所述,现代收入分配的政策理念,一是将人力资本投资作为早期干预的手段,从而在提高人力资本积累的前提下实现公平发展;二是将产业发展与社会服务的提供结合起来,通过产业发展实现各类社会服务的有效供给和公平供给。当前,中国既面临经济转型，又面临人口老龄化和人口结构的转型，保持收入分配政策的可持续性尤为重要。

第三，创新社会保障新制度，探索建立以居民身份为基础的统一的社会保障制度。大规模人口流动和就业的频繁转换已成为当前转型时期的主要特征。从当前社会保障的覆盖情况看，主要的问题就在于流动人口，特别是农民工。农民工在城市打工和就业，但是却不能得到城市社会保障制度的覆盖。

当前要实现社会保障全覆盖的主要问题集中在两个群体上，第一个群体是外出就业的农民工。按照户籍，他们应参加农村居民的社会保险，包括新农合和城乡居民养老保险；但按照就业关系，应参加城镇职工社会保险。当前农民工参加城镇职工社会保险的比例还不到20%（见表5—3）。按照职工的参保规定，属于法定人员未参保；但按照农村居民社会保险的规定，他们又已经参保。第二个群体是城镇没有明确雇用关系的就业人员。按照规定他们应当参加职工社会保险；但由于就业关系不明确，他们也可以参加居民社会保险。这导致应参加职工社会保险的部分群体转而参加居民社会保险。

从实现共享发展的理念出发，中国社会保障制度应在居民社会保障的基础上，建立覆盖全体居民的、统一的、可携带的、可流动的国民社会保险制度。这一基本的国民社会保险为居民提供统一的、基本的社会保障；同时，这一制度还可以作为平台，在其之上建立满足不同群体多层次需要的各种补充保障项目，从而实现公平性与可持续性的统一。

表 5—3　　　　农民工数量及参加城镇职工基本养老保险情况

年份	2008	2009	2010	2011	2012	2013	2014
农民工总量（万人）	22542	22978	24223	25278	26261	26894	27395
外出农民工数量（万人）	14041	14533	15335	15863	16336	16610	16821
参保农民工数量（万人）	2416	2647	3284	4140	4543	4895	5472
城职保缴费人员数量（万人）	16588	17743	19402	21565	22981	24177	25531
城职保离退休人员数量（万人）	5304	5807	6305	6826	7446	8041	8593
农民工城职保覆盖率1（%）	10.7	11.5	13.6	16.4	17.3	18.2	20.0
农民工城职保覆盖率2（%）	17.2	18.2	21.4	26.1	27.8	29.5	32.5
农民工占缴费人员比重（%）	14.6	14.9	16.9	19.2	19.8	20.2	21.4
城职保总抚养比	3.13	3.06	3.08	3.16	3.09	3.01	2.97
城镇职工抚养比	2.67	2.60	2.56	2.55	2.48	2.40	2.33

注：1. 外出农民工指的是流动范围在本乡以外的农民工。2. 覆盖率1为全部农民工的覆盖率，覆盖率2为外出农民工的覆盖率。3. 农民工占缴费人员的比重指的是城职保在职缴费人员中农民工占的比重。4. 抚养比为养老金制度缴费人员与领取养老金人员的比例，即多少个在职缴费人员供养一个养老金领取者。表中总抚养比为参加城职保的全部缴费人员与养老金领取人员的比例；城镇职工抚养比为扣除缴费人员中的农民工后的缴费人员与全部待遇领取人员的比例，表示的是城镇职工与养老金领取人员的比例。

数据来源：历年《人力资源和社会保障事业发展统计公报》及历年《中国劳动统计年鉴》。

第六章

基本结论和政策含义

社会主义不论从其理论还是实践看,都是一个动态过程,是一个随着时代不断发展的过程。在社会主义理论的发展史中,关于收入分配也是一个动态的、不断发展的、与时俱进的过程。中国特色社会主义的实践,在马克思主义基本原则的指导下,对基本分配制度进行了新的探索,成为中国特色社会主义政治经济学的重要组成部分。我们首先分别梳理了马克思主义政治学和西方经济学关于收入分配和分配制度的理论。在此基础上,对中国国民收入的初次分配制度和再分配制度进行了讨论。最后,探讨阐述了共享发展的新理念和新思路。通过上述研究,我们得出的基本结论主要包括以下几个方面:

第一,中国收入分配现状基本体现了社会主义初级阶段的分配原则。现行中国收入分配现状,包括劳动报酬情况,基本体现了以按劳分配为主体、多种分配方式并存的社会主义初级阶段分配原则。十一届三中全会之后,打破了"大锅饭",按劳动的数量和质量进行分配,将按劳分配与劳动生产率挂钩,促进了劳动生产率的提高。在公有制为主体,多种所有制形式并存的情况下,分配方式上也衍生出多种分配方式,形成了按劳分配为主体,多种分配方式并存的分配原则。在考虑物质激励的同时,也当注意劳动生产率与工资之间的关系,20世纪90年代初,工资过快地增长,形成了工资侵蚀利润的局面,不利于再生产扩大的同时推进了通货膨胀。由此，劳动报酬的提高受到劳动生产率的制约，或者说劳动报酬的高低是劳动生产率高低的反映，两者之间形成了唇亡齿寒的关系。没有劳动生产率的提高，劳动报酬则难以提高。

随着经济体制改革的逐渐深入，劳动力市场和要素市场的市场化程度逐步提高，劳动生产率与劳动报酬之间的关系则更加密切，劳动生产率成为决定劳动报酬的主要因素。也就是说，劳动生产率的差异必然导致劳动报酬上的差异。中国现阶段的收入分配情况，尽管依然存在较大的收入差距，但是从另一个角度来看，这其中包含劳动生产率的差异。中国城乡之间、地区之间的收入差距，在一定程度上反映了不同群体之间劳动生产率的差异。工业主要集中在城镇和东部沿海地区，工业的劳动生产率高于农业和服务业的客观事实，反映在收入差距上，即表现为城乡、地区之间的差异。换句话说，收入差距中包含了劳动生产率的差异，这体现出了劳动生产率在分配中的主导地位。

第二，社会主义初级阶段的客观存在需要两步走和资本积累。改革开放以前，低收入水平上的结果公平则难以充分发挥劳动积极性，不利于经济增长。改革开放前，"按劳分配"被作为暂时性的分配方式，一旦条件具备，就应该立即实行"按需分配"。为了避免按劳分配过程中强化资产阶级法权，平均主义成为此时按劳分配的体现。这种以结果公平为中心的分配方式，降低了劳动者的积极性。在"出工一窝蜂，干活大呼隆"的集体劳动中，"干多干少一个样，干好干坏一个样"，"搭便车"成为一种普遍现象。在这种分配方式下，难以提高劳动生产率，由此带来了经济增长缓慢，甚至停滞。

十一届三中全会将工作重心转向经济建设。推动经济增长，提高居民收入成为重中之重。在共同富裕的最终目标下，实施了两步走战略，让一部分人和一部分地区先富起来，先富带动后富，最终实现共同富裕。在按劳分配的原则下，提高劳动生产率成为提高居民收入的突破口，与此同时，较高的劳动生产率也成为经济增长的动力之一。受当时中国生产力水平的限制，在劳动生产率偏低的情况下，使有条件的地区和人通过合法手段提高收入更切合实际。让一部分人和一部分地区先富起来，在一个时期内是必要的。

另一个方面，资本积累也成为社会主义初级阶段的客观需要。在实施改革开放时，中国是低收入阶段的发展中国家，是一个农业大国。从要素禀赋来看，劳动力丰富，资本稀缺。尽管劳动密集型产业是中国在改革开放之后的主导产业，但是这依然需要资本支持。虽然中国经济快速增长的过程中，人口红利是不可或缺的因素，但资本对经济增长的贡献同样处于重要位置。同时，就经济发展的经验来看，在经济发展初期，资本积累是其中的一个必要环节。在中国社会主义初级阶段的发展水平上，为了加速发展，在一个时期内加速资本积累，扩大投资能力，消费水平和工资水平的提高暂时受限制，也有一定的合理性。

第三，经济发展新阶段要求提高劳动报酬并凸显效率公平的整体性。在新的历史发展阶段，特别是经济进入新常态，经济结构调整、增长动力转换，创新驱动和人力资本对增长的贡献凸显，提高人的劳动报酬成为必然的要求，劳动生产率的提高又为劳动报酬的提高创造了可能。总体来看，中国劳动报酬占 GDP 的比重偏低。1992—1999年，劳动报酬占 GDP 的比重在 52% 左右，2000 年以后劳动报酬的比重不断下降，2011 年达到最低点 47.30%。分主体来看，政府部门的劳动报酬具有较大幅度的提高；企业部门的劳动报酬则主要表现为下降趋势；居民部门的劳动报酬基本维持不变。这显示出在企业部门资本积累的过程中，劳动报酬的增长相对缓慢。劳动生产率增长率高于劳动报酬增长率，使企业实现了资本积累。同时，劳动力市场中供过于求的情况比较普遍，特别是农民工群体的巨大供给，使劳动报酬增长缓慢，农民工工资在2003年之前几乎没有增长。然而，随着中国人口结构不断转变，人口红利逐渐消失，经济发展进入新的阶段。劳动力供给和需求之间的关系转换，供大于求不再是常态，推动了劳动报酬的提高。另外，资本积累相对充裕，资本投入、机器设备的引进以及技术更新推动了劳动生产率的提高，进而要求提高劳动报酬。从国际比较来看，中国劳动报酬占GDP的比重要低于发达国家的水平，甚至低于美国、日本、英国在处于中国目前的相近发展阶段时的水平。这说明中国的劳动报酬仍然具有上升的空间。

经济新常态意味着效率与公平成为一个整体的两个方面，而不是对立的，其互补性和协调性大大加强。2009年以来，收入分配有所改善。居民收入差距不断缩小，城镇内部、农村内部、城乡之间、地区之间和行业之间的收入差距都出现了不同程度的下降。从宏观分配格局来看，2009—2012年，政府部门的比重依然在上升，但是由于企业部门的比重出现了较大幅度的下降，居民部门的比重相应上升。从再分配过程中利益分配的方向来看，2011年居民部门从再分配中的受损方转为受益方，尽管受益的比例相对于政府部门非常小。经济新常态要求在突出效率推动经济持续稳定发展的同时，需要注重公平，特别是在人力资本成为经济增长来源的情况下，公平与效率的整体性、互补性和协调性更强。基本公共服务均等化，能够降低效率损失。这是因为，较大的基本教育供给差距会通过影响劳动力人力资本积累提高失业风险；通过影响经济活动人口的人力资本存量阻碍经济发展；通过劳动力生产力结构阻碍中等收入群体扩大。注重公平，推进基本公共服务均等化将会打破教育供给上的差异，提高落后地区的受教育水平和人力资本，从而为提高劳动生产率和经济增长提供保障。

另一方面，消除绝对贫困是实现共同富裕的重要体现。同时通过社会保障实现社会共济、增进社会凝聚力也是共同富裕的应有之义。尽管随着中国经济的快速发展，贫困人口大幅减少，但是全面脱贫还面临较大困难。中国社会保障制度虽然实现了全覆盖，但是碎片化降低了社会保障的公平性；过度保护、历史欠账和老龄化降低了社会保障的可持续性。

中国正处于全面建成小康社会的关键时期，经济需要保持持续稳定的增长。通过增加基本公共服务供给，实现基本公共服务均等化，消除贫困，实现公平可持续的社会保障，缩小公共服务供给上的差距，使经济发展成果更多惠及于民，增强社会稳定和凝聚力的同时，也为经济进一步的发展提供了新的动力。

第四，共享发展的提出包含了新的政策含义。中国虽然经济发展水平提高，但仍处于社会主义初级阶段，推动经济发展依然是第一要务。在既要保障发展，又要缩小收入差距的双重目标下，共享发展包含了新的理念。一是共享发展必然是不以损害市场经济发展效率为前提的共享。二是共享发展更加注重的是机会平等、保障基本民生和缩小收入差距。

就机会平等而言，包括起点公平和过程公平。通过增加基本公共服务供给，实现基本公共服务均等化，促进起点公平。目前，中国城乡之间的基本公共服务具有很大差异，基本公共服务中的两项重要内容，教育和医疗，在农村的水平均落后于城市。就当前的劳动力受教育水平来看，农民工的平均受教育水平为初中，而城市的是高中。这种差距与基本公共供给之间存在密切联系，缩小两者之间的差距，不仅有助于实现起点公平，提高农村家庭子女的人力资本，而且有助于为新常态的经济发展提供人力资本积累。通过建立统一的要素市场，充分发挥市场对要素的配置，推动过程公平。虽然改革开放以来，要素市场得到了长足发展，市场化程度比较高，但是市场分割依然存在。最为典型的是户籍制度造成的城乡劳动市场分割。农民工在城镇就业面临普遍的歧视问题。另外，劳动力市场秩序有待进一步得到规范，使劳动力资源的配置由市场主导，杜绝家庭背景、权力、关系、走后门等非市场因素对劳动力的配置，使得能力与努力能够获得应有的回报。另外，财产的不平等程度要高于收入的不平等程度，资本、资源等生产要素的市场则具有更强的垄断性和行政性。例如，公有资源（如煤炭）的收益成为个人收益，土地拆迁收益中农民得到的仅是一小部分。建立统一的市场则有助于打破垄断，弱化行政干预，起到缩小收入差距的作用。

就保障基本民生而言，消除贫困、建立公平可持续的社会保障制度，保基本和可持续成为共享发展下社会保障制度的出发点。十八大报告中明确提出中国社会保险改革的目标和原则是"全覆盖、保基本、多层次、可持续"，以及"增强公平性、适应流动性、保障可持续性"。中国的社会保险制度在调节收入分配方面并没有发挥应有的作用。其主要原因在于，社会保险制度的设计是以人群特征来制定的，并没有突出不同群体之间的共济性，造成了高收入群体待遇好，低收入群体待遇差，甚至存在逆向再分配。保基本则打破了人群之间的差异，有助于探索建立以居民身份为基础的统一的社会保障制度。这在增强社会共济性的同时，为社会保障统筹层次的提高和转续衔接提供了基础，也更加适应于劳动力流动的需求。另一方面，保基本则大幅降低了保费和财政的支出，增强了社保基金的可持续性。在保基本的情况下，提出了多层次购买，给予不同的群体根据自身需要缴纳和购买社会保险的途径，满足不同群体多层次的社保需求，从而实现公平性与可持续性的统一。

就缩小收入差距而言，加大再分配调节力度，进而推动收入差距的缩小。从宏观分配格局来看，中国的收入分配格局主要由初次分配决定，再分配所起的作用微乎其微。推进机会平等的过程，既体现出再分配推进基本公共服务均等化的一面，也体现出提高劳动生产率重效率和规范市场实现同工同酬的一面。这将会在初次分配过程中就起到缩小收入差距，特别是消除不公平收入差距的作用。在再分配环节，税收和公共支出、转移支付从调节高收入和提高低收入两个方面共同起到缩小收入差距的作用。税收是缩小收入差距的重要手段，但是我国的税收以间接税为主，有助于缩小收入差距的直接税所占比例较低。直接税比例较低一是体现在税制上，税额累进税率累退的税制降低了收入所得税对高收入群体的调节力度。二是直接税比例较低体现在管理能力相对较低。直接税的实施需要精细化管理才能充分发挥作用。监管能力和征缴能力不足可能带来逆向的收入再分配效应。提高治理能力将有助于税收管理精细化的实施，从而提高直接税对收入差距的调节力度。加大再分配调节力度除了体现在调节高收入上，同时也体现在提高低收入和减少贫困上。公共支出和转移支付成为提高低收入群体收入的重要手段。公共支出以及转移支付需要对人群进行"精准"瞄准才能提高其效果。从精准扶贫的思想出发，收入再分配政策的完善需要"精准识别、精准扶持、精准管理、精准考核"。从"调高提低"两个方面同时加大再分配的调节力度，提高再分配对缩小收入差距的作用。

附录：改革开放以来关于收入分配的论述及政策梳理[1]

附表 1—1　　　　　　　"共同富裕"的提出

1978 年：《解放思想，实事求是，团结一致向前看》	"要允许一部分地区、一部分企业、一部分工人农民，由于辛勤努力成绩大而收入先多一些，生活先好起来。"影响其他人和其他地区，最终目的是"使整个国民经济不断波浪式地向前发展，使全国各族人民都能比较快地富裕起来"。
1984 年十二届三中全会：《中共中央关于经济体制改革的决定》	"只有允许和鼓励一部分地区、一部分企业和一部分人依靠勤奋劳动先富起来，才能对大多数人产生强烈的吸引和鼓舞作用，并带动越来越多的人一浪接一浪地走向富裕。"

---

[1] 对于改革开放以来收入分配的论述和政策梳理仅是针对直接影响收入分配的初次分配和再分配的内容进行了梳理，并没有包括对收入分配有间接影响的内容。例如，劳动力流动、农村基础设施建设等并不在梳理范围之内。

续表

1992年：《邓小平南方谈话》	"走社会主义道路，就是要逐步实现共同富裕。共同富裕的构想是这样提出的：一部分地区有条件先发展起来，一部分地区发展慢点，先发展起来的地区带动后发展的地区，最终达到共同富裕。如果富的愈来愈富，穷的愈来愈穷，两极分化就会产生，而社会主义制度就应该而且能够避免两极分化。解决的办法之一，就是先富起来的地区多交点利税，支持贫困地区的发展。当然，太早这样办也不行，现在不能削弱发达地区的活力，也不能鼓励吃'大锅饭'。什么时候突出地提出和解决这个问题，在什么基础上提出和解决这个问题，要研究。可以设想，在本世纪末达到小康水平的时候，就要突出地提出和解决这个问题。"

附表1—2　　　　　　　　　重新确立按劳分配为主体

1975年：《关于发展工业的几点意见》	"坚持按劳分配原则。""所谓物质鼓励，过去并不多。"
1978年：《用先进技术和管理方法改造企业》	"真正做到按劳分配。这个并不是资产阶级的。""社会主义要表现出它的优越性，哪能像现在这样，搞了二十多年还这么穷，那要社会主义干什么？"
1978年：《坚持按劳分配原则》，《邓小平文选》第三卷，第101页	在《坚持按劳分配原则》中全面阐述了按劳分配的出发点、必要性以及如何实现按劳分配等多方面的内容。为按劳分配的实施和推广提供了理论基础。

续表

1980 年：《党和国家领导制度的改革》	"我们提倡按劳分配，承认物质利益，是要为全体人民的物质利益奋斗。每个人都应该有它一定的物质利益，但是这绝不是提倡各人抛开国家、集体和别人都向'钱'看。要是那样，社会主义和资本主义还有什么区别？"
1984 年十二届三中全会：《中共中央关于经济体制改革的决定》	"按劳分配的社会主义原则将得到进一步的贯彻落实。这方面已经采取的一个重大步骤，就是企业职工资金由企业根据经营状况自行决定。……在企业内部，要扩大工资差距，拉开档次，以充分体现奖勤罚懒、奖优罚劣，充分体现多劳多得，少劳少得，充分体现脑力劳动和体力劳动、复杂劳动和简单劳动、熟练劳动和非熟练劳动、繁重劳动和非繁重劳动之间的差别。当前尤其要改变脑力劳动报酬偏低的状况。国家机关、事业单位也要改革工资制度，改革的原则是使职工工资同本人肩负的责任和劳绩密切联系起来。在企业、国家机关和事业单位改革工资制度的同时，还要加快劳动制度的改革。"

附表 1—3　　按劳分配为主体、多种分配方式并存的演进

1987 年十三大报告：《沿着有中国特色的社会主义道路前进》	"实行以按劳分配为主体的多种分配方式和正确的分配政策。社会主义初级阶段的分配方式不可能是单一的。我们必须坚持的原则是，以按劳分配为主体，其他分配方式为补充。除了按劳分配这种主要方式和个体劳动所得以外，企业发行债券筹集资金，就会出现凭债权取得利息；随着股份经济的产生，就会出现股份分红；企业经营者的收入中，包含部分风险补偿；私营企业雇用一定数量劳动力，会给企业主带来部分非劳动收入。以上这些收入，只要是合法的，就应当允许。"

续表

1993年十四届三中全会:《中共中央关于建立社会主义市场经济体制若干问题的决定》	"个人收入分配要坚持以按劳分配为主体、多种分配方式并存的制度,……劳动者的个人劳动报酬要引入竞争机制,打破平均主义,实行多劳多得,合理拉开差距。坚持鼓励一部分地区一部分人通过诚实劳动和合法经营先富起来的政策,提倡先富带动和帮助后富,逐步实现共同富裕。" "国家依法保护法人和居民的一切合法收入和财产,鼓励城乡居民储蓄和投资,允许属于个人的资本等生产要素参与收益分配。"
1997年十五大报告:《高举邓小平理论伟大旗帜,把建设有中国特色社会主义事业全面推向二十一世纪》	"坚持按劳分配为主体、多种分配方式并存的制度。把按劳分配和按生产要素分配结合起来,坚持效率优先、兼顾公平,有利于优化资源配置,促进经济发展,保持社会稳定。依法保护合法收入,允许和鼓励一部分人通过诚实劳动和合法经营先富起来,允许和鼓励资本、技术等生产要素参与收益分配。" "取缔非法收入,对侵吞公有财产和用偷税逃税、权钱交易等非法手段牟取利益的,坚决依法惩处。整顿不合理收入,对凭借行业垄断和某些特殊条件获得个人额外收入的,必须纠正。"
2002年十六大报告:《全面建设小康社会,开创中国特色社会主义事业新局面》	"必须尊重劳动、尊重知识、尊重人才、尊重创造,这要作为党和国家的一项重大方针在全社会认真贯彻。要尊重和保护一切有益于人民和社会的劳动。不论是体力劳动还是脑力劳动,不论是简单劳动还是复杂劳动,一切为我国社会主义现代化建设作出贡献的劳动,都是光荣的,都应该得到承认和尊重。海内外各类投资者在我国建设中的创业活动都应该受到鼓励。一切合法的劳动收入和合法的非劳动收入,都应该得到保护。不能简单地把有没有财产、有多少财产当作判断人们政治上先进和落后的标准,而主要应该看他们的思想政治状况和现实表现,看他们的财产是怎么得来的以及对财产怎么支配和使用,看他们以自己的劳动对中国特色社会主义事业所作的贡献。" "确立劳动、资本、技术和管理等生产要素按贡献参与分配的原则,完善按劳分配为主体、多种分配方式并存的分配制度。" "规范分配秩序,合理调节少数垄断性行业的过高收入,取缔非法收入。"

续表

2007年十七大报告：《高举中国特色社会主义伟大旗帜，为夺取全面建设小康社会新胜利而奋斗》	"要坚持和完善按劳分配为主体、多种分配方式并存的分配制度，健全劳动、资本、技术、管理等生产要素按贡献参与分配的制度。" "创造条件让更多群众拥有财产性收入。" "保护合法收入，调节过高收入，取缔非法收入。" "打破经营垄断，创造机会公平。"
2012年十八大报告：《坚定不移沿着中国特色社会主义道路前进，为全面建成小康社会而奋斗》	"完善劳动、资本、技术、管理等要素按贡献参与分配的初次分配机制，加快健全以税收、社会保障、转移支付为主要手段的再分配调节机制。" "深化企业和机关事业单位工资制度改革，推行企业工资集体协商制度，保护劳动所得。" "多渠道增加居民财产性收入。" "规范收入分配秩序，保护合法收入，……取缔非法收入。"
2013年十八届三中全会：《关于全面深化改革若干重大问题的决定》	"健全资本、知识、技术、管理等由要素市场决定的报酬机制。扩展投资和租赁服务等途径，优化上市公司投资者回报机制，保护投资者尤其是中小投资者合法权益，多渠道增加居民财产性收入。" "规范收入分配秩序，完善收入分配调控体制机制和政策体系，建立个人收入和财产信息系统，保护合法收入，调节过高收入，清理规范隐性收入，取缔非法收入。"

附表 1—4   效率与公平下的再分配政策 1——调节收入差距

1984 年十二届三中全会：《中共中央关于经济体制改革的决定》	在鼓励一部分地区和一部分人先富裕起来的情况下，在共同富裕的理念下，提出了对部分地区和人的再分配政策。 "对老弱病残、鳏寡孤独等实行社会救济，对还没有富裕起来的人积极扶持，对经济还很落后的一部分革命老根据地、少数民族地区、边远地区和其他贫困地区实行特殊的优惠政策，并给以必要的物质技术支援。"
1993 年十四届三中全会：《中共中央关于建立社会主义市场经济体制若干问题的决定》	效率与公平："体现效率优先、兼顾公平的原则。" 缩小收入差距："逐步建立个人收入应税申报制度，依法强化征管个人所得税，适时开征遗产税和赠与税。要通过分配政策和税收调节，避免由于少数人收入畸高形成两极分化。"
1995 年十四届五中全会：《中共中央关于制定国民经济和社会发展"九五"计划和 2010 年远景目标的建议》	"认真落实国家扶贫攻坚计划和政策措施，加大扶贫工作力度，到 2000 年基本解决目前仍处于贫困状态的七千万人口的温饱问题。继续增加并管好用好各项扶贫资金，广泛动员全社会关心和支持扶贫开发工作。要认真解决城镇低收入居民和农村贫困人口生活困难问题。"

续表

1997年十五大报告：《高举邓小平理论伟大旗帜，把建设有中国特色社会主义事业全面推向二十一世纪》	效率与公平："坚持效率优先、兼顾公平，有利于优化资源配置，促进经济发展，保持社会稳定。" 缩小收入差距："调节过高收入，完善个人所得税制，开征遗产税等新税种。规范收入分配，使收入差距趋向合理，防止两极分化。" "实行保障城镇困难居民基本生活的政策。国家从多方面采取措施，加大扶贫攻坚力度，到本世纪末基本解决农村贫困人口的温饱问题。" 宏观分配格局："要正确处理国家、企业、个人之间和中央与地方之间的分配关系，逐步提高财政收入占国民生产总值的比重和中央财政收入占全国财政收入的比重，并适应所有制结构变化和政府职能转变，调整财政收支结构，建立稳固、平衡的国家财政。"
2002年十六大报告：《全面建设小康社会，开创中国特色社会主义事业新局面》	效率与公平："坚持效率优先、兼顾公平，既要提倡奉献精神，又要落实分配政策，既要反对平均主义，又要防止收入悬殊。初次分配注重效率，发挥市场的作用，鼓励一部分人通过诚实劳动、合法经营先富起来。再分配注重公平，加强政府对收入分配的调节职能，调节差距过大的收入。" 缩小收入差距："以共同富裕为目标，扩大中等收入者比重，提高低收入者收入水平。" "继续大力推进扶贫开发，巩固扶贫成果，尽快使尚未脱贫的农村人口解决温饱问题，并逐步过上小康生活。"

续表

2003年十六届三中全会：《中共中央关于完善社会主义市场经济体制若干问题的决定》	缩小收入差距："深化农村税费改革。农村税费改革是减轻农民负担和深化农村改革的重大举措。完善农村税费改革试点的各项政策，取消农业特产税，加快推进县乡机构和农村义务教育体制等综合配套改革。在完成试点工作的基础上，逐步降低农业税率，切实减轻农民负担。"
2005年十六届五中全会：《中共中央关于制定国民经济和社会发展第十一个五年规划的建议》	缩小收入差距："着力提高低收入者收入水平，逐步扩大中等收入者比重，有效调节过高收入，规范个人收入分配秩序，努力缓解地区之间和部门社会成员收入分配差距的扩大趋势。""在经济发展基础上逐步提高最低生活保障和最低工资标准，认真解决低收入群众的住房、医疗和子女就学等困难。"
2006年十六届六中全会：《中共中央关于构建社会主义和谐社会若干重大问题的决定》	缩小收入差距："继续推进西部大开发，振兴东北地区等老工业基地，促进中部地区崛起，鼓励东部地区率先发展，形成分工合理、特色明显、优势互补的区域产业结构，推动各地区共同发展。加大对欠发达地区和困难地区的扶持。中央财政转移支付资金重点用于中西部地区，尽快使中西部地区基础设施和教育、卫生、文化等公共服务设施得到改善，逐步缩小地区间基本公共服务差距。加大对革命老区、民族地区、边疆地区、贫困地区以及粮食主产区、矿产资源开发地区、生态保护任务较重地区的转移支付，加大对人口较少民族的支持。""加强对困难群众的救助，完善城市低保、农村五保供养、特困户救助、灾民救助、城市生活无着的流浪乞讨人员救助等制度。"

续表

2007年十七大报告：《高举中国特色社会主义伟大旗帜，为夺取全面建设小康社会新胜利而奋斗》	效率与公平："初次分配和再分配都要处理好效率和公平的关系，再分配更加注重公平。" 缩小收入差距："着力提高低收入者收入，逐步提高扶贫标准和最低工资标准"，"保护合法收入，调节过高收入，取缔非法收入。扩大转移支付，强化税收调节，打破经营垄断，创造机会公平，整顿分配秩序，逐步扭转收入分配差距扩大趋势。" 宏观分配格局："逐步提高居民收入在国民收入分配中的比重，提高劳动报酬在初次分配中的比重。"
2010年十七届五中全会：《中共中央关于制定十二五规划的建议》	缩小收入差距："逐步提高最低工资标准，保障职工工资正常增长和支付。规范分配秩序，加强税收对收入分配的调节作用，有效调节过高收入，努力扭转城乡、区域、行业和社会成员之间收入差距扩大趋势。完善公务员工资制度，深化事业单位收入分配制度改革。"
2012年十八大报告：《坚定不移沿着中国特色社会主义道路前进，为全面建成小康社会而奋斗》	效率与公平："初次分配和再分配都要兼顾效率和公平，再分配更加注重公平。完善劳动、资本、技术、管理等要素按贡献参与分配的初次分配机制。" 缩小收入差距："加快健全以税收、社会保障、转移支付为主要手段的再分配调节机制。" 宏观分配格局："实现发展成果由人民共享，必须深化收入分配制度改革，努力实现居民收入增长和经济发展同步、劳动报酬增长和劳动生产率提高同步，提高居民收入在国民收入分配中的比重，提高劳动报酬在初次分配中的比重。"

续表

2015年十八届五中全会:《中共中央关于制定国民经济和社会发展第十三个五年规划的建议》	缩小收入差距:"我国现行标准下农村贫困人口实现脱贫,贫困县全部摘帽,解决区域性整体贫困。""加大对革命老区、民族地区、边疆地区、贫困地区的转移支付。加强对特定人群特殊困难的帮扶。""实施精准扶贫、精准脱贫,因人因地施策,提高扶贫实效。""收入差距缩小,中等收入人口比重上升。""实行有利于缩小收入差距的政策,明显增加低收入劳动者收入,扩大中等收入者比重。" 宏观分配格局:"坚持居民收入增长和经济增长同步、劳动报酬提高和劳动生产率提高同步,持续增加城乡居民收入。调整国民收入分配格局,规范初次分配,加大再分配调节力度。"

附表 1—5　效率与公平下的再分配政策 2——基本公共服务均等化

1993年十四届三中全会:《中共中央关于建立社会主义市场经济体制若干问题的决定》	社会保障:"建立多层次的社会保障体系","社会保障体系包括社会保险、社会救济、社会福利、优抚安置和社会互助、个人储蓄积累保障。社会保障政策要统一,管理要法制化。社会保障水平要与我国社会生产力发展水平以及各方面的承受能力相适应。城乡居民的社会保障办法应有区别。提倡社会互助。发展商业性保险业,作为社会保险的补充。" 养老和失业保险:"重点完善企业养老和失业保险制度"。城镇职工养老和医疗保险金由单位和个人共同负担,实行社会统筹和个人账户相结合。进一步健全失业保险制度,保险费由企业按职工工资总额一定比例统一筹交。普遍建立企业工伤保险制度。农民养老以家庭保障为主,与社区扶持相结合。有条件的地方,根据农民自愿,也可以实行个人储蓄积累养老保险。发展和完善农村合作医疗制度。

续表

1995年十四届五中全会：《中共中央关于制定国民经济和社会发展"九五"计划和2010年远景目标的建议》	社会保障："'九五'期间，要加快养老、失业和医疗保险制度改革，初步形成社会保险、社会救济、社会福利、优抚安置和社会互助、个人储蓄积累保障相结合的多层次的社会保障制度。制定相应政策，切实保护妇女、未成年人和老年人、残疾人等特殊社会群体的合法权益。"
1997年十五大报告：《高举邓小平理论伟大旗帜，把建设有中国特色社会主义事业全面推向二十一世纪》	社会保障："建立社会保障体系，实行社会统筹和个人账户相结合的养老、医疗保险制度，完善失业保险和社会救济制度，提供最基本的社会保障。建立城镇住房公积金，加快改革住房制度。"
2002年十六大报告：《全面建设小康社会，开创中国特色社会主义事业新局面》	社会保障："建立健全同经济发展水平相适应的社会保障体系，是社会稳定和国家长治久安的重要保证。坚持社会统筹和个人账户相结合，完善城镇职工基本养老保险制度和基本医疗保险制度。健全失业保险制度和城市居民最低生活保障制度。多渠道筹集和积累社会保障基金。各地要根据实际情况合理确定社会保障的标准和水平。发展城乡社会救济和社会福利事业。有条件的地方，探索建立农村养老、医疗保险和最低生活保障制度。" "加强公共服务设施建设，改善生活环境，发展社区服务，方便群众生活。建立适应新形势要求的卫生服务体系和医疗保健体系，着力改善农村医疗卫生状况，提高城乡居民的医疗保健水平。"

续表

2003年十六届三中全会：《中共中央关于完善社会主义市场经济体制若干问题的决定》	社会保障："加快建设与经济发展水平相适应的社会保障体系。完善企业职工基本养老保险制度，坚持社会统筹与个人账户相结合，逐步做实个人账户。将城镇从业人员纳入基本养老保险。建立健全省级养老保险调剂基金，在完善市级统筹基础上，逐步实行省级统筹，条件具备时实行基本养老金的基础部分全国统筹。健全失业保险制度，实现国有企业下岗职工基本生活保障向失业保险并轨。继续完善城镇职工基本医疗保险制度、医疗卫生和药品生产流通体制的同步改革，扩大基本医疗保险覆盖面，健全社会医疗救助和多层次的医疗保障体系。继续推行职工工伤和生育保险。积极探索机关和事业单位社会保障制度改革。完善城市居民最低生活保障制度，合理确定保障标准和方式。采取多种方式包括依法划转部分国有资产充实社会保障基金。强化社会保险基金征缴，扩大征缴覆盖面，规范基金监管，确保基金安全。鼓励有条件的企业建立补充保险，积极发展商业养老、医疗保险。农村养老保障以家庭为主，同社区保障、国家救济相结合。有条件的地方探索建立农村最低生活保障制度。" 教育："深化教育体制改革。……推进教育创新，优化教育结构，改革培养模式，提高教育质量，形成同经济社会发展要求相适应的教育体制。巩固和完善以县级政府管理为主的农村义务教育管理体制。实施全员聘用和教师资格准入制度。完善和规范以政府投入为主、多渠道筹措经费的教育投入体制，形成公办学校和民办学校共同发展的格局。完善国家和社会资助家庭经济困难学生的制度。" 医疗："深化公共卫生体制改革。强化政府公共卫生管理职能，建立与社会主义市场经济体制相适应的卫生医疗体系。加强公共卫生设施建设，充分利用、整合现有资源，建立健全疾病信息网络体系、疾病预防控制体系和医疗救治体系，提高公共卫生服务水平和

续表

	突发性公共卫生事件应急能力。加快城镇医疗卫生体制改革。改善乡村卫生医疗条件，积极建立新型农村合作医疗制度，实行对贫困农民的医疗救助。发挥中西医结合的优势。搞好环境卫生建设，树立全民卫生意识。健全卫生监管体系，保证群众的食品、药品和医疗安全。"
2005年十六届五中全会：《中共中央关于制定国民经济和社会发展第十一个五年规划的建议》	"大力发展农村公共事业。加快发展农村文化教育事业，重点普及和巩固农村九年义务教育，对农村学生免收杂费，对贫困家庭学生提供免费课本和寄宿生活费补助。加强农村公共卫生和基本医疗服务体系建设，基本建立新型农村合作医疗制度，加强人畜共患疾病的防治。实施农村计划生育家庭奖励扶助制度和'少生快富'扶贫工程。发展远程教育和广播电视'村村通'。加大农村基础设施建设投入，加快乡村道路建设，发展农村通信，继续完善农村电网，逐步解决农村饮水的困难和安全问题。大力普及农村沼气，积极发展适合农村特点的清洁能源。"
2006年十六届六中全会：《中共中央关于构建社会主义和谐社会若干重大问题的决定》	基本公共服务："完善公共财政制度，逐步实现基本公共服务均等化。健全公共财政体制，调整财政收支结构，把更多财政资金投向公共服务领域，加大财政在教育、卫生、文化、就业再就业服务、社会保障、生态环境、公共基础设施、社会治安等方面的投入。"
2007年十七大报告：《高举中国特色社会主义伟大旗帜，为夺取全面建设小康社会新胜利而奋斗》	基本公共服务："加快发展社会事业，全面改善人民生活。现代国民教育体系更加完善，终身教育体系基本形成，全民受教育程度和创新人才培养水平明显提高。社会就业更加充分。覆盖城乡居民的社会保障体系基本建立，人人享有基本生活保障。合理有序的收入分配格局基本形成，中等收入者占多数，绝对贫困现象基本消除。人人享有基本医疗卫生服务。社会管理体系更加健全。" 教育："优先发展教育，建设人力资源强国。教育是民族振兴的基石，

续表

教育公平是社会公平的重要基础。……优化教育结构,促进义务教育均衡发展,加快普及高中阶段教育,大力发展职业教育,提高高等教育质量。重视学前教育,关心特殊教育。……坚持教育公益性质,加大财政对教育投入,规范教育收费,扶持贫困地区、民族地区教育,健全学生资助制度,保障经济困难家庭、进城务工人员子女平等接受义务教育。加强教师队伍建设,重点提高农村教师素质。鼓励和规范社会力量兴办教育。发展远程教育和继续教育,建设全民学习、终身学习的学习型社会。"

社会保险:"加快建立覆盖城乡居民的社会保障体系,保障人民基本生活。……要以社会保险、社会救助、社会福利为基础,以基本养老、基本医疗、最低生活保障制度为重点,以慈善事业、商业保险为补充,加快完善社会保障体系。促进企业、机关、事业单位基本养老保险制度改革,探索建立农村养老保险制度。全面推进城镇职工基本医疗保险、城镇居民基本医疗保险、新型农村合作医疗制度建设。完善城乡居民最低生活保障制度,逐步提高保障水平。完善失业、工伤、生育保险制度。提高统筹层次,制定全国统一的社会保险关系转续办法。采取多种方式充实社会保障基金,加强基金监管,实现保值增值。健全社会救助体系。做好优抚安置工作。发扬人道主义精神,发展残疾人事业。加强老龄工作。强化防灾减灾工作。健全廉租住房制度,加快解决城市低收入家庭住房困难。"

医疗卫生:"建立基本医疗卫生制度,提高全民健康水平。……要坚持公共医疗卫生的公益性质,坚持预防为主、以农村为重点、中西医并重,实行政事分开、管办分开、医药分开、营利性和非营利性分开,强化政府责任和投入,完善国民健康政策,鼓励社会参与,建设覆盖城乡居民的公共卫生服务体系、医疗服务体系、医疗保障体系、药品供应保障体系,为群众提供安全、有效、方便、价廉的医疗卫生服务。完善重大疾病防控体系,提高突发公共卫生事件应急处置能力。加强农村三级卫生服务网络和城市社区卫生服务体系建设,深化公立医院改革。建立国家基本药物制度,保证群众基本用药。扶持中医药和民族医药事业发展。加强医德医风建设,提高医疗服务质量。确保食品药品安全。"

续表

2008年十七届三中全会：《中共中央关于推进农村改革发展若干重大问题的决定》	"统筹城乡基础设施建设和公共服务，全面提高财政保障农村公共事业水平，逐步建立城乡统一的公共服务制度。统筹城乡劳动就业，加快建立城乡统一的人力资源市场，引导农民有序外出就业，鼓励农民就近转移就业，扶持农民工返乡创业。加强农民工权益保护，逐步实现农民工劳动报酬、子女就学、公共卫生、住房租购等与城镇居民享有同等待遇，改善农民工劳动条件，保障生产安全，扩大农民工工伤、医疗、养老保险覆盖面，尽快制定和实施农民工养老保险关系转移接续办法。统筹城乡社会管理，推进户籍制度改革，放宽中小城市落户条件，使在城镇稳定就业和居住的农民有序转变为城镇居民。推动流动人口服务和管理体制创新。扩大县域发展自主权，增加对县的一般性转移支付、促进财力与事权相匹配，增强县域经济活力和实力。"
2012年十八大报告：《坚定不移沿着中国特色社会主义道路前进，为全面建成小康社会而奋斗》	基本公共服务："基本公共服务均等化总体实现。全民受教育程度和创新人才培养水平明显提高，进入人才强国和人力资源强国行列，教育现代化基本实现。就业更加充分。收入分配差距缩小，中等收入群体持续扩大，扶贫对象大幅减少。社会保障全民覆盖，人人享有基本医疗卫生服务，住房保障体系基本形成，社会和谐稳定。" 教育："努力办好人民满意的教育。……办好学前教育，均衡发展九年义务教育，基本普及高中阶段教育，加快发展现代职业教育，推动高等教育内涵式发展，积极发展继续教育，完善终身教育体系，建设学习型社会。大力促进教育公平，合理配置教育资源，重点向农村、边远、贫困、民族地区倾斜，支持特殊教育，提高家庭经济困难学生资助水平，积极推动农民工子女等接受教育，让每个孩子都能成为有用之才。鼓励引导社会力量兴办教育。加强教师队伍建设，提高师德水平和业务能力，增强教师教书育人的荣誉感和责任感。"

续表

	社会保障:"统筹推进城乡社会保障体系建设要坚持全覆盖、保基本、多层次、可持续方针,以增强公平性、适应流动性、保证可持续性为重点,全面建成覆盖城乡居民的社会保障体系。改革和完善企业和机关事业单位社会保险制度,整合城乡居民基本养老保险和基本医疗保险制度,逐步做实养老保险个人账户,实现基础养老金全国统筹,建立兼顾各类人员的社会保障待遇确定机制和正常调整机制。扩大社会保障基金筹资渠道,建立社会保险基金投资运营制度,确保基金安全和保值增值。完善社会救助体系,健全社会福利制度,支持发展慈善事业,做好优抚安置工作。建立市场配置和政府保障相结合的住房制度,加强保障性住房建设和管理,满足困难家庭基本需求。" 医疗卫生:"提高人民健康水平。……健全全民医保体系,建立重特大疾病保障和救助机制,完善突发公共卫生事件应急和重大疾病防控机制。巩固基本药物制度。健全农村三级医疗卫生服务网络和城市社区卫生服务体系,深化公立医院改革,鼓励社会办医。扶持中医药和民族医药事业发展。提高医疗卫生队伍服务能力,加强医德医风建设。改革和完善食品药品安全监管体制机制。"

续表

2013年十八届三中全会：《中共中央关于全面深化改革若干重大问题的决定》	基本公共服务："紧紧围绕更好保障和改善民生、促进社会公平正义深化社会体制改革，改革收入分配制度，促进共同富裕，推进社会领域制度创新，推进基本公共服务均等化，加快形成科学有效的社会治理体制，确保社会既充满活力又和谐有序。""统筹城乡基础设施建设和社区建设，推进城乡基本公共服务均等化。" 教育："深化教育领域综合改革。……大力促进教育公平，健全家庭经济困难学生资助体系，构建利用信息化手段扩大优质教育资源覆盖面的有效机制，逐步缩小区域、城乡、校际差距。统筹城乡义务教育资源均衡配置，实行公办学校标准化建设和校长教师交流轮岗，不设重点学校重点班，破解择校难题，标本兼治减轻学生课业负担。加快现代职业教育体系建设，深化产教融合、校企合作，培养高素质劳动者和技能型人才。创新高校人才培养机制，促进高校办出特色争创一流。推进学前教育、特殊教育、继续教育改革发展。……深入推进管办评分离，扩大省级政府教育统筹权和学校办学自主权，完善学校内部治理结构。强化国家教育督导，委托社会组织开展教育评估监测。健全政府补贴、政府购买服务、助学贷款、基金奖励、捐资激励等制度，鼓励社会力量兴办教育。" 社会保障："建立更加公平可持续的社会保障制度。坚持社会统筹和个人账户相结合的基本养老保险制度，完善个人账户制度，健全多缴多得激励机制，确保参保人权益，实现基础养老金全国统筹，坚持精算平衡原则。推进机关事业单位养老保险制度改革。整合城乡居民基本养老保险制度、基本医疗保险制度。推进城乡最低生活保障制度统筹发展。建立健全合理兼顾各类人员的社会保障待遇确定和正常调整机制。完善社会保险关系转移接续政策，扩大参保缴费覆盖面，适时适当降低社会保险费率。研究制定渐进式延迟退休年龄政策。加快健全社会保障管理体制和经办服务体系。健全符合

续表

	国情的住房保障和供应体系，建立公开规范的住房公积金制度，改进住房公积金提取、使用、监管机制。……积极应对人口老龄化，加快建立社会养老服务体系和发展老年服务产业。健全农村留守儿童、妇女、老年人关爱服务体系，健全残疾人权益保障、困境儿童分类保障制度。" 医疗卫生："深化医药卫生体制改革。统筹推进医疗保障、医疗服务、公共卫生、药品供应、监管体制综合改革。深化基层医疗卫生机构综合改革，健全网络化城乡基层医疗卫生服务运行机制。加快公立医院改革，落实政府责任，建立科学的医疗绩效评价机制和适应行业特点的人才培养、人事薪酬制度。完善合理分级诊疗模式，建立社区医生和居民契约服务关系。充分利用信息化手段，促进优质医疗资源纵向流动。加强区域公共卫生服务资源整合。取消以药补医，理顺医药价格，建立科学补偿机制。改革医保支付方式，健全全民医保体系。加快健全重特大疾病医疗保险和救助制度。完善中医药事业发展政策和机制。鼓励社会办医，优先支持举办非营利性医疗机构。社会资金可直接投向资源稀缺及满足多元需求服务领域，多种形式参与公立医院改制重组。允许医师多点执业，允许民办医疗机构纳入医保定点范围。"
2015年十八届五中全会：《中共中央关于制定国民经济和社会发展第十三个五年规划的建议》	基本公共服务："就业、教育、文化、社保、医疗、住房等公共服务体系更加健全，基本公共服务均等化水平稳步提高。""坚持普惠性、保基本、均等化、可持续方向，从解决人民最关心最直接最现实的利益问题入手，增强政府职责，提高公共服务共建能力和共享水平。""加强义务教育、就业服务、社会保障、基本医疗和公共卫生、公共文化、环境保护等基本公共服务，努力实现全覆盖。"

续表

"促进城乡公共资源均衡配置,健全农村基础设施投入长效机制,把社会事业发展重点放在农村和接纳农业转移人口较多的城镇,推动城镇公共服务向农村延伸。提高社会主义新农村建设水平,开展农村人居环境整治行动,加大传统村落民居和历史文化名村名镇保护力度,建设美丽宜居乡村。"

教育:"提高教育质量。……推动义务教育均衡发展,全面提高教育教学质量。普及高中阶段教育,逐步分类推进中等职业教育免除学杂费,率先从建档立卡的家庭经济困难学生实施普通高中免除学杂费。发展学前教育,鼓励普惠性幼儿园发展。完善资助方式,实现家庭经济困难学生资助全覆盖。促进教育公平。加快城乡义务教育公办学校标准化建设,加强教师队伍特别是乡村教师队伍建设,推进城乡教师交流。办好特殊教育。……落实并深化考试招生制度改革和教育教学改革。建立个人学习账号和学分累计制度,畅通继续教育、终身学习通道。推进教育信息化,发展远程教育,扩大优质教育资源覆盖面。完善教育督导,加强社会监督。支持和规范民办教育发展,鼓励社会力量和民间资本提供多样化教育服务。"

社会保障:"实施全民参保计划,基本实现法定人员全覆盖。坚持精算平衡,完善筹资机制,分清政府、企业、个人等的责任。适当降低社会保险费率。完善社会保险体系。

完善职工养老保险个人账户制度,健全多缴多得激励机制。实现职工基础养老金全国统筹,建立基本养老金合理调整机制。拓宽社会保险基金投资渠道,加强风险管理,提高投资回报率。逐步提高国有资本收益上缴公共财政比例,划转部分国有资本充实社保基金。出台渐进式延迟退休年龄政策。发展职业年金、企业年金、商业养老保险。

续表

	健全医疗保险稳定可持续筹资和报销比例调整机制，研究实行职工退休人员医保缴费参保政策。全面实施城乡居民大病保险制度。改革医保支付方式，发挥医保控费作用。改进个人账户，开展门诊费用统筹。实现跨省异地安置退休人员住院医疗费用直接结算。整合城乡居民医保政策和经办管理。鼓励发展补充医疗保险和商业健康保险。鼓励商业保险机构参与医保经办。将生育保险和基本医疗保险合并实施。统筹救助体系，强化政策衔接，推进制度整合，确保困难群众基本生活。" 医疗卫生："深化医药卫生体制改革，实行医疗、医保、医药联动，推进医药分开，实行分级诊疗，建立覆盖城乡的基本医疗卫生制度和现代医院管理制度。全面推进公立医院综合改革，坚持公益属性，破除逐利机制，建立符合医疗行业特点的人事薪酬制度。优化医疗卫生机构布局，健全上下联动、衔接互补的医疗服务体系，完善基层医疗服务模式，发展远程医疗。促进医疗资源向基层、农村流动，推进全科医生、家庭医生、急需领域医疗服务能力提高、电子健康档案等工作。鼓励社会力量兴办健康服务业，推进非营利性民营医院和公立医院同等待遇。加强医疗质量监管，完善纠纷调解机制，构建和谐医患关系。"

参考文献

[1] Abowd, John M., Francis Kramarz, David N. Margolis, Thomas Philippon, Minimum Wages and Employment in France and the United States, CEPR Discussion Papers, No. 2159, 2009.

[2] Angrist, Joshua D. and Alan B. Krueger, "Does Compulsory School Attendance Affect Schooling and Earnings?", *The Quarterly Journal of Economics*, 1991, 106 (4), pp. 979 – 1014.

[3] Ashenfelter, Orley and Alan Krueger, "Estimates of the Economic Return to Schooling from a New Sample of Twins", *The American Economic Review*, 1994, 84 (5), pp. 1157 – 1173.

[4] Bell, Linda A., The Impact of Minimum Wages in Mexico and Colombia, *Journal of Labor Economics*, 1997, Vol. 15, No. 3, pp. S102 – S135.

[5] Bird, M. & Zolt, E. M., "Redistribution via Taxation: The Limited Role of Personal Income Tax in Developing Countries", *UCLA Law Review*, Vol. 52, pp. 1627 – 1696.

[6] Card, David and Alan B. Krueger, Minimum Wages and Employ-

ment: A Case Study of The Fast Food Industry in New Jersey and Pennsylvania, NBER Working Paper, No. 4509, 1993.

[7] Fields, Gary and Ravi Kanbur, Minimum Wages and Poverty, Working Paper, WP 2005 - 18, Department of Applied Economics and Management Cornell University, Ithaca, 2005.

[8] Hussmanns, R., "Measuring the Informal Economy: From Employment in the Informal Sector to Informal Employment", Policy Integration Department Working Papers No. 53, ILO, 2005.

[9] IMF, Fiscal Policy and Income Inequality, IMF Policy Paper, 2014, Washington, D. C., http://www.imf.org/external/pp/ppindex.aspx.

[10] Kuznets, Simon, "Economic Growth and Income Inequality", *The American Economic Review*, 1955, 45 (1), pp. 1 - 28.

[11] Lindert, K., Skoufias, E., and Shapiro, J., Redistributing Income to the Poor and the Rich: Public Transfers in Latin America and the Caribbean, SP Discussion Paper No. 0605, The World Bank, 2006.

[12] Mahler, V. A., Jesuit, D. K., "Fiscal Redistribution in the Developed Countries: New Insights from the Luxembourg Income Study", *Socio - Economic Review*, Vol. 4, No. 3, pp. 483 - 511.

[13] Meltzer, A. H. and S. F. Richard, "A Rational Theory of the Size of Government", *Journal of Political Economy*, 1981, 89, 914 - 927.

[14] Mincer, J. A., Schooling, Experience, and Earnings, NBER, http://papers.nber.org/books/minc74 - 1, 1974.

[15] Musgrave, R. A., *The Theory of Public Finance*, New York: McGraw-Hill, 1959.

[16] Neumark, David, The Employment Effects of Recent Minimum Wage Increase: Evidence from A Pre-specified Research Design, NBER Working Paper, No. 7171, 1999.

[17] Norton, A., Conway, T., and Foster, M., Social Protection Concepts and Approaches: Implications for Policy and Practice in International Development, London: Overseas Development Institute, Working Paper 143, 2001.

[18] Norton, A., Conway, T., and Foster, M., Social Protection Concepts and Approaches: Implications for Policy and Practice in International Development, London: Overseas Development Institute, Working Paper 143, 2001.

[19] Park, A., Wang, S., and Wu, G., Regional Poverty Targeting in China, *Journal of Public Economics*, Vol. 86, 2002.

[20] Prasad, Naren, Policies for Redistribution: The Use of Taxes and Social Transfers, 2008, International Institute for Labour Studies.

[21] Rothbard, M. N., *Power and Market: Government and the Economy* (Fourth Edition), Alabama: Ludwig von Mises Institute, 2006.

[22] Sala-I-Martin, Xavier X., "I Just Ran Two Million Regressions", *The American Economic Review*, 1997, 87 (2).

[23] Solow, Robert M., "Technical Change and the Aggregate Production Function", *The Review of Economics and Statistics*, 1957, 39 (3).

[24] Spence, Michael, "Job Market Signaling", *Quarterly Journal of Economics*, 1973.

[25] Whalley, John and Xiliang Zhao, "The Contribution of Human Capital to China's Economic Growth", NBER Working Paper 16592, http://www.nber.org/papers/w16592, 2010.

[26] 白重恩、唐燕华、张琼：《中国隐性收入规模估计——基于扩展消费支出模型及数据的解读》，《经济研究》2015年第6期。

[27] 蔡昉、万广华：《中国收入差距和贫困研究：我们知道什么，我们应该知道什么？》，载蔡昉、万广华《中国转轨时期收入差距与贫困》，社会科学文献出版社2006年版。

[28] 蔡昉、王美艳：《为什么劳动力流动没有缩小城乡收入差距》，《经济学动态》2009年第8期。

[29] 陈青松：《西方最优税收理论对我国税制设计的启示》，《财经研究》2003年第1期。

[30] 程莹、吴建：《现阶段我国个人所得税三大功能定位研究——基于2000—2010年省级面板数据的实证分析》，《财经论丛》2012年第5期。

[31] 戴园晨、黎汉明：《工资侵蚀利润——中国经济体制改革中的潜在危险》，《经济研究》1988年第6期。

[32]《邓小平文选》第二卷，人民出版社1994年版。

[33]《邓小平文选》第三卷，人民出版社1993年版。

[34] 邓子基：《新中国60年税制改革的成就与展望》，《税务研究》2009年第10期。

[35] 都阳、王美艳：《中国最低工资制度的实施状况及其效果》，《中国社会科学院研究生院学报》2008年第6期。

[36] 傅康生：《实行最低工资制度的经济分析》，《江淮论坛》1995年第6期。

[37] 冈纳·缪尔达尔：《世界贫困的挑战——世界反贫困大纲》，北京经济学院出版社1991年版。

[38] 高德步：《工业化与城市化的协调发展——英国经济史实例考察》，《社会科学战线》1994年第4期。

[39] 《哥达纲领批判》，中共中央马恩列斯著作编译局译，人民出版社1965年版。

[40] 葛婧、王震：《国际社会保障制度的演变及其对中国的启示》，《社会科学战线》2014年第10期。

[41] 葛志军、邢成举：《精准扶贫：内涵、实践困境及其原因阐释——基于宁夏银川两个村庄的调查》，《贵州社会科学》2015年第5期。

[42] 公维才、薛兴利：《西方社会保障理念的嬗变及其启示——兼论社会保障制度中的政府职能》，《中国特色社会主义研究》2011年第4期。

[43] 辜胜阻、徐进、郑凌云：《美国西部开发中的人口迁移与城镇化及其界点》，《中国人口科学》2002年第1期。

[44] 郭晓丽：《个人所得税调节城镇居民收入再分配效应研究》，《财经问题研究》2015年第6期。

[45] 郭振友、陈瑛、张毓辉：《政府卫生补助受益归属分析》，《卫生软科学》2006年第2期。

[46] 《国家与革命》，《列宁全集》第31卷，人民出版社1984年版。

[47] 哈耶克：《法律、立法和自由》第2卷，中国大百科全书出版社2000年版。

［48］哈耶克：《知识的虚伪》，载《现代国外经济学论文集》第二辑，商务印书馆1981年版。

［49］汉斯·迈克尔·特劳特温：《累积进程与极化发展：缪尔达尔的贡献》，《经济思想史评论》2010年第1期。

［50］何立新：《中国城镇养老保险制度改革的收入分配效应》，《经济研究》2007年第3期。

［51］《和德国作家埃米尔·路德维希的谈话》，《斯大林选集》下册，人民出版社1979年版。

［52］胡坚：《论发展经济学中的结构主义和新古典主义思潮》，《经济科学》1992年第2期。

［53］贾康、赵全厚：《中国经济改革30年：财政税收卷》，重庆大学出版社2008年版。

［54］蒋洪、马国贤、赵海利：《公共高等教育利益归宿的分布及成因》，《财经研究》2002年第3期。

［55］蒋永穆、张晓磊：《共享发展与全面建成小康社会》，《思想理论教育导刊》2016年第3期。

［56］蒋自强等：《经济思想通史》第4卷，浙江大学出版社2003年版。

［57］金彩虹：《中国医疗保障制度的收入再分配调节机制研究》，《经济体制改革》2005年第6期。

［58］金双华、于洁：《医疗保险制度对不同收入阶层影响的实证研究——基于辽宁省城镇居民的分析》，《经济与管理研究》2016年第2期。

［59］凯恩斯：《就业、利息和货币通论》，商务印书馆1999年版。

［60］李嘉图：《经济学及赋税之原理》，上海三联书店2014年版。

[61] 李强：《"丁字型"社会结构与"结构紧张"》，《社会学研究》2005年第2期。

[62] 李强：《社会分层与社会空间领域的公平、公正》，《中国人民大学学报》2012年第1期。

[63] 李强、王昊：《中国社会分层结构的四个世界》，《社会科学战线》2014年第9期。

[64] 李绍荣、耿莹：《中国的税收结构、经济增长与收入分配》，《经济研究》2005年第5期。

[65] 李实：《中国财产分配差距与再分配政策选择》，《经济体制改革》2015年第1期。

[66] 梁华英：《苏联对劳动生产率增长与工资增长关系的探索》，《天津财经学院学报》1986年第1期。

[67] 林毅夫、蔡昉、李周：《中国的奇迹：发展战略与经济改革》，格致出版社2010年版。

[68] 林毅夫：《贫困、增长与平等：中国的经验与挑战》，《中国国情国力》2004年第8期。

[69] 刘国光等：《经济体制改革与宏观经济管理——"宏观经济管理国际讨论会"评述》，《经济研究》1985年第12期。

[70] 刘穷志：《公共支出归宿：中国政府公共服务落实到贫困人口手中了吗?》，《管理世界》2007年第4期。

[71] 刘瑞明、赵仁杰：《西部大开发：增长驱动还是政策陷阱——基于PSM–DID方法的研究》，《中国工业经济》2015年第6期。

[72] 刘生龙、王亚华、胡鞍钢：《西部大开发成效与中国区域经济收敛》，《经济研究》2009年第9期。

[73] 刘怡、聂海峰：《间接税负担对收入分配的影响分析》，《经济研究》2004 年第 5 期。

[74] 柳谷岗：《关于国民收入的初次分配和再分配的一些问题——1957 年苏联讨论情况概述》，《经济研究》1958 年第 3 期。

[75] 罗宾逊：《马克思、马歇尔和凯恩斯》，商务印书馆 1963 年版。

[76] 罗小兰：《我国最低工资标准农民工就业效应分析》，《财经研究》2007 年第 11 期。

[77] 《马克思恩格斯全集》第二十六卷第一册，人民出版社 1972 年版。

[78] 《马克思恩格斯全集》第二十五卷，人民出版社 1974 年版。

[79] 《马克思恩格斯全集》第三卷，人民出版社 1960 年版。

[80] 《马克思恩格斯全集》第四卷，人民出版社 1958 年版。

[81] 《马克思恩格斯选集》第二卷，人民出版社 1995 年版。

[82] 马克思：《资本论》第 1 卷，人民出版社 1953 年版。

[83] 马小红、段成荣、郭静：《四类流动人口的比较研究》，《中国人口科学》2014 年第 5 期。

[84] 马歇尔：《经济学原理》，商务印书馆 1981 年版。

[85] 《毛泽东文集》第七卷，人民出版社 1999 年版。

[86] 逄锦聚等主编：《政治经济学（第三版）》，高等教育出版社 2007 年版。

[87] 彭浩然、申曙光：《改革前后我国养老保险制度的收入再分配效应比较研究》，《统计研究》2007 年第 2 期。

[88] 平新乔：《民营企业中的劳工关系》，北京大学中国经济研究中心，No. C2005001，2005。

[89] 乔新生：《我们为什么需要最低工资制度》，《江南时报》2006

年9月20日。

[90] 秦晖:《从传统民间公益组织到现代"第三部门"——中西公益事业史比较的若干问题》,载《传统十论》,复旦大学出版社2004年版。

[91] 冉光和、潘辉:《政府公共支出的收入分配效应研究——基于VAR模型的检验》,《重庆大学学报》(社会科学版)2009年第15卷第2期。

[92] 萨奇:《结构主义、新古典主义与发展经济学的兴衰》,《世界经济》1988年第7期。

[93]《社会主义政治经济学》编写小组编:《社会主义政治经济学(未定稿第二版·征求意见用)》,1975年。

[94] 施蒂格勒:《生产和分配理论》,华夏出版社2008年版。

[95] 宋涛主编:《政治经济学教程(第八版)》,中国人民大学出版社2008年版。

[96] 苏海南、王学力、刘肇泉、廖春阳:《最低工资制讨论中的几个热点问题》,《开放导报》2006年第6期。

[97] 苏联科学院经济研究所编:《政治经济学教科书(下册)》,人民出版社1959年版。

[98] 孙静、王亚丽:《税收对我国城乡居民收入的再分配效应研究》,《中南财经政法大学学报》2013年第3期。

[99] 孙中伟、舒玢玢:《最低工资标准与农民工工资——基于珠三角的实证研究》,《管理世界》2011年第8期。

[100] 特里福诺夫、希罗科拉德编:《社会主义政治经济学史》,李景琪、徐云青等译,商务印书馆1994年版。

[101] 汪三贵、郭子豪:《论中国的精准扶贫》,《贵州社会科学》

2015年第5期。

[102] 王春超：《农村土地流转、劳动力资源配置与农民收入增长：基于中国17省份农户调查的实证研究》，《农业技术经济》2011年第1期。

[103] 王翠琴、薛惠元：《新型农村社会养老保险收入再分配效应研究》，《中国人口·资源与环境》2012年第8期。

[104] 王国刚：《城镇化：中国经济发展方式转变的重心所在》，《经济研究》2010年第12期。

[105] 王莉：《财政支出公平效应的测度》，《财经论坛》2007年第7期。

[106] 王少国、李伟：《再分配机制对城镇居民收入差距调节作用的实证分析》，《经济纵横》2009年第3期。

[107] 王世杰：《公共财政支出与我国收入分配不平等的相关研究》，《山东经济》2010年第5期。

[108] 王志刚：《中国税制的累进性分析》，《税务研究》2008年第9期。

[109] 威廉·配第：《爱尔兰的政治解剖》，商务印书馆1974年版。

[110] 威廉·配第：《赋税论献给英明人士货币略论》，商务印书馆1978年版。

[111] 威廉·配第：《政治算术》，商务印书馆1978年版。

[112] 卫兴华：《关于按劳分配与按要素分配相结合的理论问题》，《特区理论与实践》1999年第3期。

[113] 魏众、王震、邓曲恒：《中国收入分配及其政策思考》，广东经济出版社2015年版。

[114]《无产阶级在我国革命中的任务》，《列宁全集》第29卷，人

民出版社 1984 年版。

[115] 吴宁、江启成、王从从、万泉、赵郁馨：《西部某省医疗机构政府补助的受益归属分析》，《中国卫生经济》2011 年第 30 卷第 5 期。

[116] 西奥多·W. 舒尔茨：《报酬递增的源泉》，姚志勇、刘群艺译，北京大学出版社 2001 年版。

[117] 西蒙·库兹涅茨：《各国的经济增长》，商务印书馆 1999 年版。

[118] 西斯蒙第：《政治经济学新原理》，商务印书馆 2009 年版。

[119] 谢攀、李文溥、龚敏：《经济发展与国民收入分配格局变化：国际比较》，《财贸研究》2014 年第 3 期。

[120] 徐静、岳希明：《税收不公正如何影响收入分配效应》，《经济学动态》2014 年第 6 期。

[121] 薛兆丰：《最低工资法不可取》，《21 世纪经济报道》2004 年 11 月 18 日。

[122] 亚当·斯密：《国富论》，商务印书馆 2009 年版。

[123] 杨春学：《20 世纪经济学的重大发展》，《经济学动态》1999 年第 10 期。

[124] 杨巨：《国外税收结构的收入分配效应研究新进展》，《上海经济研究》2012 年第 2 期。

[125] 杨淑霞：《浅谈我国的最低工资保障制度》，《河南大学学报》1996 年第 5 期。

[126] 杨玉萍：《我国个人所得税的收入再分配效果分析——基于收入构成的视角》，《深圳大学学报》（人文社会科学版）2014 年第 2 期。

[127] 叶静怡、杨洋：《最低工资标准与农民工收入不平等——基于北京市农民工微观调查数据的分析》，北京大学经济学院发展经济学讨论会 working paper，2013。

[128] 于俊文、赵彦荣：《学习毛泽东关于积累与消费的理论》，《经济纵横》1993年第12期。

[129] 余达淮、刘沛妤：《共享发展的思维方式、目标与实践路径》，《南京社会科学》2016年第5期。

[130] 约翰·伊特韦尔、默里·密尔盖特、彼得·纽曼编：《新帕尔格雷夫经济学大辞典》中文版第4卷，经济科学出版社1996年版。

[131] 约瑟夫·熊彼特：《从马克思到凯恩斯十大经济学家》，商务印书馆2013年版。

[132] 岳希明、徐静：《我国个人所得税的居民收入分配效应》，《经济学动态》2012年第6期。

[133] 张斌：《税收制度与收入再分配》，《税务研究》2006年第8期。

[134] 张车伟：《人力资本回报率变化与收入差距："马太效应"及其政策含义》，《经济研究》2006年第12期。

[135] 张车伟、赵文：《中国劳动报酬份额问题——基于雇员经济与自雇经济的测算与分析》，《中国社会科学》2015年第12期。

[136] 张问敏：《建国以来按劳分配问题讨论评述》，《经济科学》1985年第5期。

[137] 张五常：《最低工资种祸根》，《南方周末》2000年11月15日。

[138] 张秀兰、梅志里、徐月宾：《中国发展型社会政策论纲》，中

国劳动社会保障出版社 2007 年版。

［139］赵斌、麻晓卯：《我国社会医疗保险"逆向转移"现象研究》，《中国卫生经济》2012 年第 2 期。

［140］赵杰：《试论两权分离后国家与企业分配关系的重新塑造》，《财政研究》1987 年第 10 期。

［141］赵满华：《共享发展的科学内涵及实现机制研究》，《经济问题》2016 年第 3 期。

［142］郑真真、杨舸：《中国人口流动现状及未来趋势》，《人民论坛》2013 年第 11 期。

［143］中华人民共和国国家统计局：《中国农村贫困监测报告 2009》，中国统计出版社 2010 年版。

［144］中华人民共和国国史学会编：《毛泽东读社会主义政治经济学批注和谈话（简本）》，2000 年。

［145］中国社会科学院经济研所社会保障课题组：《多轨制社会养老保障体系的转型路径》，《经济研究》2013 年第 12 期。

［146］周成启：《关于"各尽所能，按劳分配"和"各尽所能，按需分配"的历史考察》，《安庆师范学院学报》1986 年第 3 期。

后　记

本书是中国社会科学院经济研究所"创新智库"研究成果之一。裴长洪（中国社会科学院经济研究所所长，研究员）负责全书的设计及统稿，并承担了第六章的写作；王震（中国社会科学院经济研究所微观经济学研究室主任，研究员）负责第一章、第四章及第五章第三节和第四节的写作；孙婧芳（中国社会科学院经济研究所发展经济学研究室副研究员）负责第二章、第三章和第五章第一节和第二节的写作，并承担附录表格的整理。在本书写作过程中，中国社会科学院经济所科研处的陆桦和谢谦同志提供了多方面的便利和帮助，在此表示感谢。同时感谢中国社会科学出版社愿意出版此书，也感谢王茵编辑和王衡编辑认真细致的工作。

作者

2016 年 9 月 26 日